(漢)鄭玄 注
(唐)賈公彦 疏

宋本周禮疏

第一一册

國家圖書館出版社

第一一册目録

卷四十三

周禮疏卷第四十三

唐朝散大夫行太學博士弘文館學士臣賈公彥等撰

秋官司寇下

布憲掌憲邦之刑禁正月之吉執旌節以宣布于四方而憲邦之刑禁以詰四方邦國及其都鄙達于四海

釋曰云掌憲邦之刑禁者此文與正月以下爲目禁者則士師之五禁所以左右刑罰故連刑言之也云正月之吉者此與大司寇職正月之吉事同大司寇布刑之時此布憲亦布之於四方也於司寇正歲縣之時此布憲亦憲邦之刑禁以詰四方邦國以達于四海也布憲爲司寇屬官於刑禁爲重故每事共丁

寧之注憲表也謂縣之也刑禁者國之五禁所以左右刑
也罰者司寇正月布刑于天下正歲又縣其書于象
魏布憲於司寇布刑則以旌節出宣令之於司寇縣書則
亦縣之于門閭及都鄙邦國刑者王政所重故屢丁寧焉
詰謹也使四方謹行之爾雅曰九夷八蠻六戎五狄謂之
四海 釋曰云國之五禁所以左右刑罰者士師職文知
布憲所縣在門閭者以其司寇所縣在雉門不可共處此
經云執旌節以爲行道之使明在巷門之閭可知云門閭
據在城内經雖不云城内門閭舉外以見内有門閭可知經先
邦國後都鄙注先都鄙後邦國者以都鄙據畿内三等采地經
後言之者尊邦國輕都鄙注先都鄙者旣見門閭即先近
後遠乃及四海故注先都鄙見從近及遠之義也引爾雅
者見刑禁遠至夷狄名此夷狄爲
四海者海之言晦晦闇於禮儀也 凡邦之大事合衆
庶則以刑禁號令 釋曰云邦之大事合衆庶者謂征
伐巡守田獵皆是大事合衆庶也

以其是布禁之官故於聚
衆每皆以刑禁號令也
禁殺戮掌司斬殺戮者凡傷人見血而不以告
者攘獄者遏訟者以告而誅之注司猶察也察此四
者告於司寇罪之也
斬殺戮謂吏民相斬相殺相戮者傷人見血見血乃爲傷
人耳鄭司農云攘獄者距當獄者也遏訟者遏止欲訟者
也玄謂攘猶卻也卻獄者言不受也　釋曰云司猶察也
者此禁殺戮之官恒在民門私覘惡事而告於上執而與
之罪也故以司爲察也知斬殺戮是吏民相斬相殺相戮
者以傷民云不以告則相殺戮之等盡是不以告明是吏
民自相殺戮也云傷人見血見血乃爲傷人耳者恐經傷
人與見血事別傷人見血連言者是見血乃爲傷人若不
見血不爲傷人也若然踠跌折支之等不見血豈得不爲
傷人乎然今言見血乃爲傷人者止爲蹉跌及刃物壓歷

應見血之等不爲餘事而言先鄭云攘獄者距當獄者也後鄭不從者此經皆謂未在官司而先鄭云距獄據在官而言故不從也云過訟者過止欲訟者也者有人見欺犯欲向官所訟之而過止不使去也玄謂攘猶卻也卻獄者言不受也者謂人有罪過官有文書追攝不肯受者

禁暴氏掌禁庶民之亂暴力正者撟誣犯禁者作言語而不信者以告而誅之注民之好爲侵陵稱詐謾誕此三者亦刑所禁也力正以力強得正也 釋曰云民之好爲者此言爲下三事而發皆是好爲侵陵 釋經亂暴力正者也稱詐釋經撟誣犯禁者也謾誕釋經作言語而不信者也謾誕謂浮謾虛誕也

凡國聚衆庶則戮其犯禁者以徇凡奚隸聚而出入者則司牧之戮其犯禁者釋曰大聚衆庶者謂

征伐之等云凡奚隷聚而出入者謂國有煩辱之處使奚隷則有此出入而司牧之 注 奚隷女奴男奴也其聚出入有所使 釋曰案司厲其奴男子入于罪隷女子入于舂稾是男子同坐爲奴天官酒人漿人之等皆名女奴爲奚五隷又是男奴故云奚隷女奴男奴

野廬氏掌達國道路至于四畿 注 達謂巡行通之使不陷絕也去王城五百里曰畿 釋曰云巡行者國之道路使其地之人治之野廬氏直巡行不通之處使人治之使無陷絕也

比國郊及野之道路宿息井樹 注 比猶校也宿息廬之屬賓客所宿及晝止者也井共飲食樹爲蕃蔽 釋曰此經所云主爲賓客在道須得供丞守衛之事國郊謂近郊遠郊野謂百里外至畿宿謂十里有廬三十里有宿五十里有市直言宿者舉中言之故云廬之屬以苞之息賓客晝止之處井樹者賓客

所須者也若有賓客則令守涂地之人聚欜之有相翔者誅之注守涂地之人道所出廬宿旁民也相翔猶昌翔觀伺者也鄭司農云聚欜之聚擊欜以宿衛之也有姦人相翔於賓客之側則誅之不得令寇盜賓客　釋曰守涂地之人道所出廬宿旁民也者道路之旁皆有民當處有賓客止宿即使聚欜之不使失脫也云相翔猶昌翔觀伺者也者謂昌狂翔翔觀伺賓客先鄭云聚欜之聚擊欜以宿衛之也者謂其地之人自聚擊欜無行夜故使宿衛自擊官正之等使行夜者擊欜校比直宿者彼行夜者與此異也

凡道路之舟車轚互者敘而行之注舟車轚互謂於迫隘處也車有轘轅坻閣舟有砥柱之屬其迿之者使以次敘之　釋曰云轚互者謂水陸之道舟車往來狹隘之所更互相擊故云轚互者云車有轘轅坻閣者案襄二十一年晉欒盈有罪適楚過於周周西鄙掠之

告於周便候出諸轘轅是轘轅也坻閣道路之名也云舟有
砥柱之屬者案禹貢導河積石至于龍門南至于華陰東至
於底柱孔安國云底柱山名河水分流包山而過山見
水中若柱然在西虢之界是底柱爲水之隘道者也　凡
有節者及有爵者至則爲之辟　釋曰云凡有節者謂若諸侯之使則有山
國用虎節之等若民自往來則有道路用旌節之辟辟
等及有爵已上皆爲之辟止行人使無侵犯者也　注行人
亦使守涂地者　禁野之横行徑踰者　注皆爲防姦也横行妄由田中徑踰射邪趨疾
越隄洰也　釋曰言横行者不要東西爲横南北爲縱但
是不依道塗妄由田中皆是横也徑謂不遵道而射邪趨
疾踰越也謂
越隄渠者也　凡國之大事比脩除道路者　注比按治道者
名若今次金叙大功　釋曰大事謂若征伐巡守田獵郊
祀天地王親行所經並須脩除道路及脩廬校比民夫使

有功效故云比校治道者名也云若今次金敘大功者謂漢時主役之官官名次金敘主以丈尺賦功令俗本多誤爲次敘大功也**掌凡道禁**注禁謂若今絕蒙大巾持兵杖之屬　釋曰右時禁書亡故舉漢法而言也

邦之大師則令埽道路且以幾禁行作不時者不物者注不時謂不夙則莫者也不物謂衣服操持非此常人也幾禁之者備姧人內賊及反間　釋曰不言大事而云大師惟謂征伐者也云幾禁之者備姦人內賊及反間者內賊謂賊在內起反間謂外賊密來覘探聞候國家反彼論說案孫子兵法云三軍之事莫密於反間是也

蜡氏掌除骴注曲禮四足死者曰漬故書骴作脊鄭司農云脊讀爲漬謂死人骨也月令曰掩骼埋胔骨之尚有肉者也及禽獸之骨皆是　釋曰曲禮者彼謂四足之獸相漸漬而有疫死此骴謂內腐義理有殊引

之若直取音同仍取四足死者即有肉腐之骴也先鄭云死人骨也者以人骨爲主其中兼四足之骨也月令者彼據孟春春是生氣骨是死氣爲死氣逆生氣故埋之此官在秋者是陰故屬秋引之者除骴是同故也彼注云骨枯曰骼肉腐曰骴骴言埋亦掩之骼言掩亦埋之義無異互言耳故云腐骨之尚有肉者也則肉腐曰骴亦一也云及禽獸之骨皆是者即四足曰漬在其中案詩云行有死人尚或殣之又下云若有死於道路者則令埋之令得有死人骨者近道人見者令埋之其有死于溝壑者蜡氏除之

凡國之大祭祀令州里除不蠲禁刑者任人及凶服者以及郊野大師大賓客亦如之 注蠲讀如吉圭惟饎之圭圭絜也刑者黥劓之屬任人司圜所收教罷民也凶服服衰絰也此所禁除者皆爲不欲見人所薉惡也 釋曰大祭祀謂郊祭天地大賓客謂諸侯來朝若據天地其神位

在郊至郊而已若賓客則至畿故兼言野郊外曰野大摠言也云蠲讀如吉圭惟饎之圭者毛詩云絜蠲爲饎無此言鄭從三家詩故不同云刑者黥劓之屬者之屬中合有宮刖也云任人司圜所收教罷民也者經任人文承刑者之下則罷民亦刑之類是以司圜云任之以事是也凶服五服皆是故曰凶服服衰絰也祭者皆齊齊者絜靜不欲見穢惡也

若有死於道路者則令埋而置楬焉書其日月焉縣其衣服任器于有地之官以待其人

注有地之官主比地之吏也其人其家人也鄭司農云楬欲令其識取之今時楬櫫是也有地之官有部界之吏今時鄉亭是也　釋曰此經王謂行人在路死者云有地之官主比地之吏也者謂比閭族黨之等皆有長吏若比長閭胥里宰之輩皆是若今時鄉亭治事之處縣衣服任器等仍使守當使不失也

掌凡國之骴

禁注禁謂孟春掩骼埋胔之屬　釋曰孟春者月令文也

雍氏掌溝瀆澮池之禁凡害於國稼者春令爲阱擭溝瀆之利於民者秋令塞阱杜擭　釋曰掌溝瀆澮池之禁凡害於國稼者溝瀆澮池或田間通水或在田外所須本爲利民而造其中有放溢奔流爲害者則禁之凡害於國稼者謂水潦之等春令爲阱擭溝瀆之利於民者阱擭以取禽獸溝瀆所以通水是皆利於民故春使爲之也注溝瀆澮田間通水者也池謂陂障之水道也害於國稼謂水潦及禽獸也阱穿地爲塹所以禦禽獸其或超踰則陷焉世謂之陷阱擭柞鄂也堅地阱淺則設柞鄂於其中秋而杜塞阱擭收刈之時爲其陷害人也書某誓曰敜乃擭斂乃阱時秋也伯禽以出師征徐戎　釋曰云溝瀆澮田間通水者也者案遂人匠人惟有遂溝洫澮川

不見有瀆此云瀆亦田間通水者但注瀆曰川或可以川爲瀆舉其類也云此謂陂障之水道也者詩云彼澤之陂毛云澤障曰陂今云陂障之水道謂障澤爲陂之旁於澤通水入陂之道曰池云阱穿地爲塹者此則深爲不須別設柞鄂擭則堅地不可得深故須柞鄂柞鄂者或以爲豎柞於中向上鄂鄂然所以載禽獸使足不至地不得躍而出謂之柞鄂也書柒誓者彼云魯侯伯禽宅曲阜徐戎並興伯禽往征有此塞阱杜擭之事故引以爲證也云時秋也者彼不見時節但此說在秋明彼亦秋敜得有斂擭斂阱之事也

禁山之爲苑澤之沈者 注爲其就禽獸魚鼈自然之居而害之鄭司農云不得擅爲苑圃於山也澤之沈者謂毒魚及水蟲之屬 釋曰先鄭云不得擅爲苑圃於山義雖與後鄭異得爲一義故引之在下又云沈者謂毒魚及水蟲之屬者謂別以藥沈於水中以殺魚及水蟲不謂鴆故不作鴆作沈也

萍氏掌國之水禁 注次

三

禁謂水中害人之處及入水捕魚鼈不時 釋曰水中害人之處或有深泉洪波沙蟲水弩云捕魚鼈不時者案月令春秋及冬取魚夏不令取魚夏發則不時故云不時皆禁之也

幾酒 注苛察沽買過多及非時者 釋曰萍氏幾酒者酒亦水之類故也不得非時謂若酒誥惟祀茲酒及鄉飲酒及昏娶爲酒食以召鄉黨寮友是其時也

謹酒 注使民節用酒也書酒誥曰有政有事無彝酒 釋曰此戒謹慎於酒故引酒誥有政之大臣有事之小臣彝常也不得常飲明如上文合飲時乃飲也

禁川游者 注備波洋卒至沈溺也 釋曰游謂浮游不乘橋船恐溺故禁之也

司寤氏掌夜時 注夜時謂夜晚早若今甲乙至戊 釋曰此文與下爲目故注云謂夜曉早甲乙則早時戌亥則晚時也

以星分夜以詔夜士夜禁 注夜士主

行夜微候者如今都候之屬　釋曰云以是分夜者若今時觀參辰知夜早晚是以書傳云春昏張中可以種稷夏大火中可以種黍菽秋虛中可以種麥冬昴中可以收斂蓋藏彼雖非分夜以詔夜士亦是以星知早晚之類也言行夜微候者若宮伯掌授八次八舍注云於微候便也則行夜來往周旋謂微候者也　**禦晨行者禁宵行者夜遊者**　注備其遭寇害及謀非公事禦亦禁也　謂遏止之無刑法也晨先明也宵定昏也書曰宵中星虛春秋傳曰夜中星隕如雨　釋曰晨亦得名旦月令云旦尾中亦得名曰明案三光考靈耀云日入三刻爲昏不盡三刻爲明昏亦得名星故奔喪云日行百里不以夜行惟父母之喪見星而行見星而舍明見星時即爲夜也如是宵亦得名曰昏昏參中是也亦名曰夜爾雅云宵夜也然則晨是明之首不通於前宵是昏之來不通於後也惟夜中之時正一名耳此云禁晨行者禁宵行者謂在道路中禮志云男女

夜行以燭謂在宫中也是行宵行者惟罪人與奔父母之喪若天子祭天之時則通夜而行故禮記云氾埽反道鄉爲田燭禁夜遊者禁其無故游者引春秋者莊公七年夏四月辛卯夜中星隕如雨是也

司烜氏掌以夫遂取明火於日以鑒取明水於月以共祭祀之明齍明燭共明水注夫遂陽遂也鑒鏡屬取水者世謂之方諸取日之火月之水欲得陰陽之絜氣也明燭以照饌陳明水以爲玄酒鄭司農云夫發聲明齍謂以明水滫滌粢盛黍稷 釋曰云夫遂陽遂也者以其日者太陽之精取火於日故名陽遂取火於木爲木遂者也鑒鏡屬者詩云我心匪鑒不可以茹彼鑒是鏡可以照物此鑒形制與彼鑒同所以取水也云取水者世謂之方諸者漢世謂之方諸言取水謂之方諸則取火者不名方諸別名陽遂也明者絜也日

月水火爲明水明火是取日月陰陽之絜氣也云明燭以照饌陳者謂祭日之旦饌陳於堂東未明須燭照之云明水以爲玄酒者鬱鬯五齊以明水配三酒以玄酒配玄酒井水也玄酒與明水別而云明水以爲玄酒者對則異散文通謂之玄酒是以禮運云玄酒在堂亦謂明水爲玄酒也先鄭云明水滫滌粢盛黍稷者滫謂瀡滌謂蕩滌俱謂釋米者也

凡邦之大事共墳燭庭燎 釋曰大事者謂若大喪紀大賓客則皆設 注故書墳爲蕡鄭司農云蕡燭麻燭也玄謂墳大也樹於門外曰大燭於門內曰庭燎皆所以照衆爲明 釋曰先鄭從故書蕡爲麻燭者以其古者未有麻燭故不從是以禮記少儀云主人執燭抱燋鄭云未爇曰燋是知未有麻燭也後鄭云樹於門外曰大燭者非人所執也燕禮云甸人執大燭於庭不言樹者彼諸侯燕禮亦樹於地使人執彼注云庭

六燭爲位廣也此言大燭亦爲位廣又樹之於地也云
於門內曰庭燎者於門內在庭中故謂之庭燎庭燎與
大燭亦一也皆所以照衆爲明是以詩庭燎云夜如何
其夜未央庭燎之光君子至止鸞聲將將謂宣王待諸
侯來朝之事案郊特牲云庭燎之百由齊桓公始也鄭
云庭燎之差公蓋五十侯伯子男皆三十大戴禮文其
百者天子禮庭燎所作依慕容所爲以葦爲中心以布
纏之飴蜜灌之若今蠟燭百者或以百根一處設之或
百處設之若人所執者用荊燋爲之
執燭抱燋曲禮云燭不見跋是也 **中春以木鐸**
脩火禁于國中 注爲季春將出火也火禁謂用
火之處及備風燥 釋曰云爲
季春將出火也者三月昏時大辰星在卯南見
是火星出此二月未出故云爲季春將出火也 **軍旅**
脩火禁邦若屋誅則爲明竁焉 釋曰屋
誅謂甸

師氏屋舍中誅則王之同族及有爵者也是以易鼎卦
云鼎折足覆公餗其形渥鄭義以爲餗美饌鼎三足三
公象若三公傾覆王之美道屋中刑之與此同云爲明
竁焉者明明刑以版書其姓名及罪狀著於身竁瓚中
也注鄭司農云屋誅謂夷三族無親屬收葬者故爲葬
之也三夫爲屋一家田爲一夫以此知三家也玄
謂屋讀如其刑剭之剭剭誅謂所殺不於市而以適甸
師氏者也明竁若今揭頭明書其罪法也司烜掌明竁
則罪人夜葬與 釋曰先鄭以屋爲夫三爲屋者謂夷
三族解之後鄭不從者夷三族乃是戰國韓信等所商
鞅連相坐之法造三夷之誅既亂世之法何得以解大
平制禮之事乎鄭知罪人亦有明刑書於木者見昭二
年鄭公孫黑作亂子產數其罪云不速死大刑將至七
月壬寅縊尸諸周氏之衢加木焉注云書其罪於木以
加尸上而章之非禮故書殺以惡黑知明刑者書可知
知夜葬者以其司烜主明火掌夜事既令掌之則罪人

夜葬可知故曾子問云見星而行者唯罪人是夜葬之事也

條狼氏掌執鞭以趨辟王出入則八人夾道公則六人侯伯則四人子男則二人注趨辟趨而辟行人若今卒辟車之爲也孔子曰富而可求雖執鞭之士吾亦爲之言士之賤也釋曰案序官條狼氏下士六人胥六人徒六十人今云天子八人少二人者蓋取胥徒中兼充也凡誓執鞭以趨於前且命之誓僕右曰殺誓馭曰車轘誓大夫曰敢不關鞭五百誓師曰三百誓邦之大史曰殺誓小史曰墨釋曰

誓自有大官若月令田獵司徒北面以誓之誓時此滌猿
氏則爲之大言使衆聞知故云且命之誓僕右者僕大僕
與王同車故大僕職云軍旅贊王鼓注云佐擊其餘面通
右與馭及王四乘也右謂勇力之士在車右備非常誓馭
謂與王馭 注前謂所誓衆之行前也有司讀誓辭則大言
車者也 其刑以誓所誓也誓者謂出軍及將祭祀時
也出軍之誓誓左右及馭則書之甘誓備矣郊特牲說祭
祀之誓曰卜之日王立于澤親聽誓命受教諫之義也車
轘謂車裂也師樂師也大史小史主禮之事者鄭司農云誓
大夫曰敢不關謂不關於君也玄謂大夫自受命以出則
其餘事莫不復請 釋曰云謂出軍及將祭祀時也者若
且命以上軍旅祭祀同有此事僕右四乘校軍旅時師與
大史小史皆據祭祀時大夫敢不關亦據祭祀須關君是
以鄭引甘誓證軍旅引郊特牲證祭祀也云甘誓備矣者
案甘誓云左不攻于左汝不恭命右不攻于右汝不恭命
馭非其馬之正汝不恭命用命賞于祖弗用命戮于社于

則拏蘩汝是其備也郊特牲者王將祭之時故云卜之日王立于澤謂在澤宮也澤宮者擇士可與祭者之宮親自聽有司誓命此是受教諫之義也云車轘謂車裂也者春秋左氏傳云轘觀起於四境是也師知是樂師者以其下有大史小史皆掌禮禮樂相將故知師是樂師大師瞽人之長也鄭司農云誓大夫曰敢不關謂不關於君也此先鄭義未足故後鄭增成之玄謂大夫自受命以出則其餘事莫不復請言此者欲見受命出征梱外之事將軍裁之不須復請除此以外其無不復請皆須請於君乃得行事是以襄公十九年秋七月辛卯齊侯環卒晉士匄帥師侵齊至穀聞齊侯卒乃還公羊傳曰還者何善辭也何善爾大其不伐喪也此受命乎君而伐齊則何大乎其不伐喪大夫以君命出進退在大夫也是其不復請君之事也若穀梁大夫雖在外猶當復請于君不敢專故曰還者事未畢之辭也受命而誅生死無所加其怒不伐喪善之也善之則何爲未畢也君不尸小事臣不專大名善則稱君過則

稱已則民作讓矣士匃外專君命故非之也然則爲士匃者宜奈何宜墠帷而歸命乎介是其雖在外不得專命之事也

脩閭氏掌比國中宿互欜者與其國粥而比其追胥者而賞罰之

注國中城中也粥養也國所游餋謂羨卒也追逐寇也胥讀爲偦故書互爲巨鄭司農云宿謂宿衛也巨當爲互謂行馬所以障互禁止人也欜謂行夜擊欜　釋曰云掌比國中宿互欜者互謂行馬所以爲遮障宿者所守衛欜者謂宿復擊欜持更也云與其國粥者謂國家粥養未入正卒且爲羨卒者云而比其追胥者使此羨卒追而逐寇胥爲伺捕盜賊二事也

禁徑踰者與以兵革趨行者與馳騁於

國中者注皆爲其惑衆　釋曰以其職作脩閭當脩理門閭故禁此三者也邦有

故則令守其閭互唯執節者不幾注令者令其閭內之閭胥里宰之屬　釋曰邦有故謂有寇戎大喪札喪皆是恐有姦非則命各遣守閭閭巷門有執節公使者不幾詞也但言閭惟據鄉內注兼云里宰者官名脩閭以六鄉爲主其實兼主六遂故言里宰以包之也

冥氏掌設弧張注弧張罿罦之屬所以扃絹禽獸　釋曰弧弓也謂張弓以取猛獸云罿罦之屬者詩云雉羅于罿雉羅于罦並是取禽獸之物言之屬仍有兔罝之等皆是扃絹禽獸者也爲

阱擭以攻猛獸以靈鼓敺之注靈鼓六面鼓敺之使驚趨阱擭

釋曰知靈鼓六面者以鼓人云靈鼓鼓社祭晉鼓鼖鼓等
非祭祀之鼓並兩面路鼓祭宗廟故知加兩面爲四面地
神尊於宗廟加兩面爲六面天尊於地神加
兩面爲八面以此差之知靈鼓六面鼓也 若得其獸
則獻其皮革齒須備 注鄭司農云須直謂頤下須備謂搔也 釋曰猛獸
有不得之法故云若以不定之言也若得猛獸之時猛獸
之肉不堪人啗故當獻其皮革須備也皮謂若虎豹熊羆
革謂無文章者去毛而獻之齒即牙也須備加
等鄭所說虎豹有須備獻之以擬器物之用也
庶氏掌除毒蠱以攻說禬之嘉草攻之 釋曰除毒
蠱曰言之攻說禬之據去其神 注毒蠱蟲物而病害人
也嘉草攻之據去其身者也 者賊律曰敢蠱人及
教令者棄市攻說析名祈其神求去之也嘉草藥物其
狀未聞攻之謂燻之鄭司農云禬除也玄謂此禬讀如

潰癰之潰　釋曰云攻說並列名者大祝六祈有類造禬禜攻說故知也先鄭云禬除也後鄭增成其義潰癰之潰俗讀也

凡毆蠱則令之比之　注使為之文校攻之　釋曰云毆之止謂用嘉草燻之時并使人毆之既役人衆故須校比之

穴氏掌攻蟄獸各以其物火之　注蟄獸熊羆之屬冬藏者也將攻之必先燒其所食之物於穴外以誘出之乃可得之　釋曰知熊羆之屬者鄭目驗而知猛獸之蟄惟有熊羆之屬也言以其物火之明是燒其所食之物誘之使出穴外乃可得也

以時獻其珍異皮革　釋曰謂熊羆之皮革及熊蹯之等

翨氏掌攻猛鳥各以其物為媒而掎之　注猛

鳥鷹隼之屬置其所食之物於絹穽鳥來下則掎其脚
釋曰云各以其物爲媒者若今取鷹隼者以鳩鴿置於羅
網之下以誘之云鷹隼之屬者王制云鷹隼摯然後罻
羅設易云公用射隼於高墉之上隼即謂之鶻者也 以
時獻其羽翮
柞氏掌攻草木及林麓 注林人所養者山足曰麓 釋曰此柞氏
與薙氏治地皆擬後年乃種田但下有薙氏除草此柞氏
攻木兼云草者以攻木之處有草兼攻之故云草也云林
人所養者若林衡所掌者未必人所養此乃人所攻治以
擬種殖故知此林麓人所養治者也漆林之征亦此類也
山足曰麓爾雅文林麓謂麓上有
林者也此掌攻與下文爲目也 夏日至令刊陽木
而火之冬日至令剝陰木而水之 釋曰夏曰至謂五月

夏至之日爲之也令刊陽木而火之謂先刊削以去其皮
乃燒之冬日至謂十一月冬至之日爲之剥陰木而水之
亦謂剥去其皮乃水此文與下文相兼乃足也必以夏刊
陽木冬剥陰木者夏至之日則陰生冬至陽生陽木得陰
而鼓陰木得陽而發故須其時而刊剥之也山虞取注刊
其堅刃冬斬陽夏斬陰此欲死之故夏陽木冬陰木注剥
互言耳皆謂斫去次地之皮生山南爲陽木生山北爲陰
木火之水之則使其肄不生 釋曰云刊剥互言耳者謂
削之亦剥之剥謂剥去其皮亦削之故云互也云生山南
爲陽木生山北爲陰木者爾雅云山南曰陽山北曰陰云
火之水之則使其肄不生者斬而復生曰肄若
以水火斬而不復重生故云使其肄不生也 若欲其
化也則春秋變其水火 注化猶生也謂時以種
穀也變其水火者乃所
火則水之所水則火之則其土和美 釋曰此覆釋上文
此刊木止欲種田生穀故云若欲使前刊木生穀之時則

當以春秋變其水火也變之者前文云夏日至刊陽木火之者至秋以水漬之前冬日至剥陰木以水之者至後春以火燒之如此則地和美也

凡攻木者掌其政令注除木有時釋曰凡國家有欲攻木者皆來取於氏政令所以取政令者除木有時如上冬夏者也

薙氏掌殺草春始生而萌之夏日至而夷之秋繩而芟之冬日至而耜之注故書萌作甍杜子春云甍當為萌謂耕反其萌牙書亦或為萌玄謂萌之者以茲其斫其生者夷之以鉤鐮迫地芟之也若今取茭矣含實曰繩芟其繩則實不成孰耜之以耜測凍土剗之釋曰此薙氏所掌治地從春至冬亦一年之事後年乃可種也子春云萌謂耕反其萌牙後鄭不從者此經云殺草則是萌謂草始生出地之時非是十一月草木萌

動其色赤十二月芽其色白何得耕反其萌牙乎以是不從子春之說也玄謂萌之者以茲其斫其生者漢時茲其即今之鋤也云夷之以鉤鎌迫地芟之也若今取茭矣者見今取茭草亦於夏迫地取之故舉爲況也云含實曰繩者秋時草物含實也云耜之以耜測凍土剗之者耜廣五寸謂耒頭金冬時地凍竝以耜附測凍土剗之如此春種則地和美

若欲其化也則以水火變之注謂以火燒其所芟萌之草已而水之則其土亦和美矣月令季夏燒薙行水利以殺草如以熱湯是其一時著之掌凡殺草之政令

硩蔟氏掌覆夭鳥之巢注覆猶毀也夭鳥惡鳴之鳥若鴞鵩釋曰禮記云無覆巢者謂非夭鳥者也此官覆毀夭鳥之巢窠也云鴞鵩者鴞之與鵩二鳥俱是夜爲惡鳴者也以

方書十日之號十有二辰之號十有二月之號十有二歲之號二十有八星之號縣其巢上則去之

注方版也日謂從甲至癸辰謂從子至亥月謂從娵至荼歲謂從攝提格至赤奮若星謂從角至軫天鳥見此五者而去其詳未聞　釋曰云日謂從甲至癸者據十幹而言辰謂從子至亥者據十二支而說月謂從娵至荼歲謂從攝提格至赤奮若者案爾雅釋天文大歲在寅曰攝提格在卯曰單閼在辰曰執徐在巳曰大荒落在午曰敦牂在未曰協洽在申曰涒灘在酉曰作噩在戌曰閹茂在亥曰大淵獻在子曰困敦在丑曰赤奮若是也又云正月爲陬二月爲如三月爲寎四月爲余五月爲皋六月爲且七月爲相八月爲壯九月爲玄十月爲陽十一月爲辜十二月爲除是也星謂從角至軫右旋數之

翦氏掌除蠹物以攻禜攻之以莽草熏之釋曰以攻禜攻之據祈去其神故以六祈而言之以莽草熏之據去其身也注蠹物穿食人器物者蟲魚亦是也攻禜祈名莽草藥物殺蟲者以熏之則死故書蠹爲橐杜子春云橐當爲蠹　釋曰云蟲魚亦是者餘蠹物穿食餘器物至於蠹魚惟見書內有白魚及白蠹食書故云亦是也

凡庶蠱之事注庶除毒蠱者蠱蠹之類或熏以莽草則去　釋曰翦氏主除蠹物其蠱毒自是庶氏今此云凡庶蠱者同類相兼左右而掌之故鄭云庶除毒蠱者蠱蠹之類或熏以莽草則去此鄭解翦氏兼掌蠱之意以其翦氏有用莽草熏蠱是以蠱毒亦使翦氏除之也

赤犮氏掌除牆屋以蜃炭攻之以灰洒毒之注洒灑也除牆屋者除蟲豸藏逃其中者蜃大蛤也擣其炭以坋之則走淳之以灑之則死故書蜃爲晨鄭司農云

晨當為蜃書亦或為蜃　釋曰赤犮氏掌除蟲豸自藏埋
者今不指其蟲豸之名直云除牆屋者以其蟲豸自埋藏
人所不見故不指蟲而以牆屋所蔵之處而已爾雅有足
曰蟲無足曰豸蔵逃之類有此二者淳即沃也謂灑沃以
汁則死也蜃炭地官掌蜃以共蜃炭蜃炭者謂蜃灰是也

凡隙屋除其貍蟲　釋曰禮記云如駟之過隙隙謂孔穴也埋蔵之蟲在屋孔穴之中故以隙屋言之　注　貍蟲䗪肌蛷之屬　釋曰䗪肌蛷皆是自貍之蟲也

蟈氏掌去鼃黽焚牡蘜以灰洒之則死　釋曰掌去鼃黽此又與下為目也　注　牡蘜蘜不華者齊魯之間謂鼃為蟈黽耿黽也蟈與耿黽尤怒鳴為聒人耳去之　釋曰云牡蘜蘜不華者此則月令季秋云蘜有黄花牝蘜也去齊魯之間謂鼃為蟈者官號蟈氏

又經無云蟈故鄭以齊魯之言爲諸蠹即蟈故名蟈氏也**以其煙被之則凡水**

蟲無聲注杜子春云假令風從東方來則於水東面爲煙令煙西行被之水上　釋曰上文云焚牡蘜𣲬之則死此經云以其煙明還用牡蘜之煙被之水上也

壺涿氏掌除水蟲以炮土之鼓敺之以焚石投之注水蟲狐蜮之屬故書炮作泡杜子春讀炮爲苞有苦葉之苞玄謂燔之炮之炮炮土之鼓瓦鼓也焚石投之使驚去　釋曰云水蟲狐蜮之屬者蜮即短狐一物南方水中有之含沙射人則死者也言之屬者水蟲衆矣故云之屬以包之也子春讀從詩苞有苦葉之苞者取其聲同耳不取義也玄謂燔之炮之炮者亦讀從詩此取炮燒之義故云炮土之鼓瓦鼓也云焚石投之使驚去者石之燔燒得水作聲故驚去也**若欲殺**

其神則以牡橭午貫象齒而沈之則其

神死淵爲陵注神謂水神龍罔象故書橭爲梓午爲五杜子春云梓當爲橭橭讀爲枯枯榆木名書或爲樗又云五貫當爲午貫釋曰云以牡橭午貫象齒而沈之者案儀禮大射云若丹若墨度尺而午彼物射者所履記安足之處十字爲之今此亦然神謂水神龍罔象也橭讀爲枯枯榆木名以橭爲榦穿孔以象牙從橫貫之爲十字沈之水中則其神死淵爲陵所謂深谷爲陵是也

庭氏掌射國中之夭鳥若不見其鳥獸

則以救日之弓與救月之矢夜射之釋曰云掌射國中之夭鳥者城郭之所人聚之處不宜有夭鳥故去之注不見鳥獸謂夜來鳴呼爲怪者獸狐狼屬鄭司

農云救日之弓救月之矢謂日月食所作弓矢云謂日月之食陰陽相勝之變也於日食則射大陰月食則射大陽與　釋曰云獸狼狐之屬不言鳥者上文注鵄鷺已解也云謂日月之食陰陽相勝之變也者日之食晦朔之間月之食惟在於望日食是陰勝陽月食是陽勝陰未至爲災故云陰陽相勝之變也所以救日月用弓矢射之者鄭以意推量日食則射大陰者以陰侵陽臣侵君之象故射大陰是其常不足可疑月食是陽侵陰君侵臣之象陽侵陰非逆既用弓不得不射若射當射大陽以是爲疑故云月食則射大陽與以疑之

若神也則以大陰之弓與枉矢射之

釋曰若神也者謂不見其身直聞其聲非鳥獸之神耳則以大陰救月之弓與救日枉矢射之

注

神謂非鳥獸之聲若或叫于宋大廟譆譆出出者大陰之弓救月之弓枉矢救日之矢與不言救月之弓與救日之矢者互言之救日用枉矢則救月以恒矢可知也　釋曰鄭知神謂

非鳥獸之聲者見宋大廟有聲非鳥獸之聲既有聲又非鳥獸之聲故知是神聲若神降于莘之類是也云若或叫於宋大廟譆譆出出者左傳文云大陰殺月之弓枉矢殺日之矢與者大陰之弓爲殺月之弓不言與則不疑不疑者以其與經云殺日之弓相對彼言殺日之弓明此大陰之弓是殺月之弓可知若然上言殺月之矢則此枉矢是殺日可知而言與以疑之若但殺日與大陰相對故不疑上言殺月此不言大陽之矢直言枉矢矢名而已故須疑之去不言殺月之弓與殺日之矢者互言之者若此文去殺月之弓與殺日之矢爲文自足何假須互既不須互則上下二文全不見弓矢之名矣是以互見其文欲見有弓矢之名故也互者上文去殺日明大陰是殺月此文殺月是大陰則上文殺日是大陽也又枉矢見矢名不言殺明有殺名殺月之矢見殺不見矢名明亦有名亦是互也云殺日用枉矢則殺月以恒矢可知也者見司弓矢枉矢最在前明殺月矢當在枉矢之下故知殺月用恒矢可知不

用庫矢以其庫矢弩所用故也

銜枚氏掌司囂注察囂讙者爲其聒亂在朝者之言語　釋曰以銜枚不得語是止讙囂之官故掌司察囂讙之事

國之大祭祀令禁無囂注令令主祭祀者　釋曰國之大祭祀謂天地宗廟令主祭祀之官使禁止無得讙囂讙囂則不敬鬼神故也

軍旅田役令銜枚注爲其言語以相誤　釋曰軍旅田役二者銜枚氏出令使六軍之士皆銜枚止言語也

禁嘂呼歎嗚於國中者行歌哭於國中之道者注爲其惑衆相感動嗚吟也　釋曰此經四事皆是在道爲之爲其惑衆釋嘂呼歌也相感動解歎嗚與哭也云嗚吟也者以嗚與歎相連則嗚是歎之類故知嗚吟也

伊耆氏掌國之大祭祀共其杖咸 注咸讀爲函老臣雖
杖於朝事鬼神尚敬去之有司以此函藏之旣事乃授之
釋曰下二文云授杖此經惟言共杖函止謂祭祀時臣雖
老合杖但爲祭祀尚敬暫去之去杖之時共杖函盛之祭
祀訖還與老臣柱之老臣雖杖於朝事鬼神尚敬去之謂
七十有德君不許致仕者也王制云七十杖 軍旅授
於國八十杖於朝謂得致仕者與此異也
有爵者杖 注別吏卒且以扶尊者將軍杖鉞
釋曰此謂在軍之時有爵謂士以上
若然自伍長下士兩司馬中士卒帥上士旅帥下大夫師
帥中大夫等並得杖云別吏卒者吏則命士以上卒謂一
乘卑步卒七十二人等若然甲士三人亦是民之無爵亦
與步卒同無杖也知將軍杖鉞者今文泰誓師尚父左杖
黃鉞右把白旄是
將軍杖鉞之事也 共王之齒杖 注王之所以賜老者之杖鄭司農云謂年

七十當以王命受杖者今時亦命之爲王杖文謂王制曰五十杖於家六十杖於鄉七十杖於國八十杖於朝釋曰既共王之齒杖明皆據王賜老者之杖而言若不得王賜者自拄之也先鄭惟據七十故後鄭增成之引王制爲證也

周禮疏卷第四十三

周禮疏卷第四十四

唐朝散大夫行大學博士弘文館學士臣賈公彥等撰

大行人掌大賓之禮及大客之儀以親諸侯

釋曰此經與下經爲目大賓言禮大客言儀亦有禮言禮據其始爲本言儀據威儀爲先云以親諸侯者易云先王以建萬國親諸侯則朝聘往來是也 注 大賓要服以內諸侯大客謂其孤卿 釋曰言要服以內諸侯者對要服已外爲小賓下文云九州之外謂之蕃國世壹見是也云大客謂其孤卿者謂還是大賓下孤卿對小行人所云小客則受幣聽其辭者爲小客言孤卿者據大國得立孤一人孤來聘侯伯已下無孤使卿來聘不言大夫士者殷聘使卿時聘使大夫士雖不得特聘爲介來亦入客中故下云諸侯之卿其禮各下其君二等大夫士亦如

之是皆得爲客但據大聘略據尊者而言也此大賓大客尊卑異故言及以殊之此賓客相對則别散文則通是以大司徒云大賓客則令野脩道委積賓亦名客小司徒云小賓客令野脩道委積則客亦名賓是賓客通也

春朝諸侯而圖天下之事秋覲以比邦國之功夏宗以陳天下之謨冬遇以恊諸侯之慮時會以發四方之禁殷同以施天下之政

釋曰此六者諸侯朝覲天子春秋冬夏時會殷同各自相對爲文春秋冬夏雖相對爲文及其受之處所則春夏爲陽秋冬爲陰以類同處是以鄭注曲禮云春夏受摯於朝受享於廟生氣文也故兩處受之秋冬一受之於廟殺氣質也故一處受之至於時會殷同自在國外爲壇受之耳

注此六事者以王見諸侯爲文圖比陳恊皆考績之言王者春見諸侯

則國其事之可否秋見諸侯則比其功之高下夏見諸侯則陳其謀之是非冬見諸侯則合其慮之異同六服以其朝歲四時分來更迭如此而徧時會即時見也無常期諸侯有不順服者王將有征討之事則旣朝王命爲壇於國外合諸侯而發禁命事焉禁謂九伐之法殷同即殷見也王十二歲一巡守若不巡守則殷同殷同者六服盡朝旣朝王亦命爲壇於國外合諸侯而命其政政謂邦國之九法殷同四方四時分來歲終則徧矣九伐九法皆在司馬職司馬法曰春以禮朝諸侯圖同事夏以禮宗諸侯陳同謀秋以禮覲諸侯比同功冬以禮遇諸侯圖同慮時以禮會諸侯施同政殷以禮宗諸侯發同禁　釋曰云此六事者以王見諸侯爲文者此六事者有考績之事故王下見諸侯爲文大宗伯無事相見故以諸侯見王爲文故言春見曰朝夏見曰宗之等也云圖比陳協皆考績之言者事功謨慮禁政是考校功績之語故知是考績之言也云春見諸侯則圖其事之可否者以其事由春始故圖事也云

秋見諸侯則比其功之高下者秋將物成故校比其功之
高下以行賞罰也云夏見諸侯陳其謀之是非者夏物盛
大形體皆異可分別故陳天下諸侯謀之是非云冬見
諸侯則合其慮之異同者冬物伏藏故合其慮之異同
也此四者皆因四時而爲名也云六服以其朝歲四時分
來更迭如此而徧者云六服以其朝歲者以下文依服數
來朝則有不朝之歲故云以其朝歲也四時分來更迭而
徧者假令侯服年年朝春東方來夏南方來秋西方來冬
北方來甸服二歲一見亦春東夏南秋西冬北男服三歲
一見當朝之歲亦然采服衛服要服皆然四方四分更互
遞代來而徧云時會即時見也者大宗伯云時見故云即
時見也云無常期諸侯有不順服者王將有征討之事則
既朝王命爲壇於國外合諸侯而發禁命事焉者無常期
者假令一方諸侯或一國或五國謀叛不順王命餘諸侯
並來并兵衆而至一則自明服二則助王討之云既朝者
諸侯有不當朝歲者則就國外壇朝而已是以司儀與覲

禮有壇朝之法若諸侯來者次當朝之歲者則於國內依常朝之法既朝乃向外就壇行盟載之禮也故云既朝既朝當朝歲之諸侯也云王命爲壇於國外合諸侯而發禁命事焉者司儀所云者是也云禁謂九伐之法者大司馬所云九伐是也云殷同即殷見也者大宗伯云殷見曰同故云即殷見也云王十二歲一巡守若不巡守則殷同殷同者六服盡朝者鄭必知王不巡守即行殷同者下文云十有二歲王巡守殷國殷國與巡守連文明同是十二歲君王巡守何須殷同明不巡守乃殷同也云既朝王亦命爲壇於國外合諸侯而命其政者此時六服盡朝於壇而云既朝者是當朝歲者在國朝既朝乃更於壇朝如時會然若然十二年唯衛服非朝之歲則既朝者侯甸男采要皆是也云殷同四方四時分來歲終則徧矣者春東方六服盡來夏南方六服盡來秋西方六服盡來冬北方六服盡來是歲終則徧矣云九伐九法皆在司馬職者案大司馬云掌建邦之九法以佐王平邦國制畿封國以正邦國

之等是也九伐者彼又云以九伐之法正邦國馮弱犯寡則眚之之等是也司馬法曰以下彼四時春云事夏云謀秋云功冬云慮與此同唯時會言施同政殷同言發同禁二者與此不同者欲見二者更互而有故不同也時

聘以結諸侯之好殷覜以除邦國之慝注此二事者亦以王見諸侯之臣使來者爲文也時聘者亦無常期天子有事諸侯使大夫來聘親以禮見之禮而遣之所以結其恩好也天子無事則巳殷覜謂一服朝之歲也慝猶惡也一服朝之歲五服諸侯皆使卿以聘禮來覜天子天子以禮見之命以政禁之事所以除其惡行釋曰云此二事者言亦亦上諸侯也是亦以王見諸侯之臣使來者爲文此亦對宗伯彼無考績之事直相見故云時聘曰問殷覜曰視以見王爲文此有好慝之事故以王下見爲文云時聘者亦無常期者亦諸侯云時會也云天子有事諸侯使大夫來聘親以禮見之禮而遣之所以結恩好也者

此謂時會之年當方有諸侯不順服當方諸侯來餘方無諸侯不順之事身不來即大夫來聘天子亦有兵至助王討逆云天子無事則已者此聘來爲有事若王無事則不來也殷規謂一服朝之歲也者案宗伯注云一服朝在元年七年十一年以其朝者少聘者多故亦得稱殷殷衆也知亦命以政禁之事者以其言除邦國之慝大司馬九法九伐平正邦國所以除慝既言除慝明亦命以政禁者也

間問以諭諸侯之志歸脤以交諸侯之福賀慶以贊諸侯之喜致禬以補諸侯之裁

釋曰此經天子於諸侯之法即下文云王之所以撫邦國已下是也此云之者以上二經已言諸侯見王之法故先略言王施恩於諸侯之禮

注此四者王使臣於諸侯之禮也間問者間歲一問諸侯謂存省之屬諭諸侯之志者諭言語諭書名其類也交或往或來者也贊助也致禬凶禮之

弔禮禬禮也補諸侯栽者若春秋澶淵之會謀歸宋財
釋曰云此四者王使臣於諸侯之禮也者對上是諸侯及
臣見王之禮故云此以對彼間問者間歲一問諸侯謂存
省之屬者案下文云歲徧存三歲徧覜五歲徧省七歲屬
象胥九歲屬瞽史十有一歲達瑞節並是間歲之事故鄭
云之屬以包之云諭諸侯之志者諭言語諭書名其類也
若彼仍有協辭命之等故云其類也云交或往或來者也
者欲見臣有祭祀之事亦得歸胙於王故玉藻云臣致膳
於君有葷桃茢亦歸胙於王也案宗伯云脤膰本施同姓
尊二代之後亦得之故僖二十四年宋成公如楚還入鄭
鄭伯將享之問禮於皇武子對曰宋先代之後也於周爲
客天子有事膰焉有喪拜焉僖九年王使宰孔賜齊侯胙
曰天子有事于文武使孔賜伯舅胙注云周禮脤膰之禮
親兄弟之國不以賜異姓尊　侯客之若先代之後是其
事也此言脤不言膰文不具云致禬凶禮之弔禮禬禮也
者案宗伯云以禬禮哀國敗此災亦云禬者同是會合財

貨故災亦稱禬也云澶淵之會謀歸宋財者此事見襄公三十一年左氏傳彼以宋遭災諸侯大夫謀歸宋財補不足故取爲證補災之事也案宗伯賀慶之禮親異姓之國此云諸侯者欲見庶姓諸侯有恩亦施及之故也案宗伯嘉禮有六此唯施二者但此二者可施與諸侯其餘飲食冠婚饗燕直制法行之非歸與之禮故不言也若然彼宗伯凶禮有五此唯言弔禮餘四者不言者行人唯主弔法餘禮蓋自有人主之故此不言也隱元年宰咺來歸惠公仲子之賵服氏云咺天子宰夫是宰天主賻賵之事是其別主之類也

以九儀辨諸侯之命等諸臣之爵以同邦國之禮而待其賓客

注九儀謂命者五公侯伯子男也爵者四孤卿大夫士也

釋曰此經與下爲目下文有五等諸侯次有孤執皮帛次諸侯之卿下其君二等次有大夫士亦如之是列五等四命等爵故鄭云命者五公侯伯子男也爵者四孤

卿大夫士也

上公之禮執桓圭九寸繅藉九寸冕服九章建常九斿樊纓九就貳車九乘介九人禮九牢其朝位賓主之間九十步立當車軹擯者五人廟中將幣三享王禮再祼而酢饗禮九獻食禮九舉出入五積三問三勞諸侯之禮執信圭七寸繅藉七寸冕服七章建常七斿樊纓七就貳車七乘介七人禮七牢朝位賓主之間

七十步立當前疾擯者四人廟中將幣三
享王禮壹祼而酢饗禮七獻食禮七舉
出入四積再問再勞諸伯執躬圭其他皆
如諸侯之禮諸子執穀璧五寸繅藉五寸
冕服五章建常五斿樊纓五就貳車五
乘介五人禮五牢朝位賓主之間五十步
立當車衡擯者三人廟中將幣三享王
禮壹祼不酢饗禮五獻食禮五舉出入

三積壹問壹勞諸男執蒲璧其他皆如

諸子之禮 釋曰此一經揔列五等諸侯來朝天子天子以禮迎待之法云上公之禮至三問三勞偏論上公之禮但上公之禮一句揔與下爲目執桓圭九寸繅藉九寸此主行朝禮於朝所執其服則皮弁若行三享則執璧琮自冕服九章已下至將幣三享見行三享已前之事自王禮已下至三勞見王禮上公之禮云執桓圭九寸者以桓楹爲飾繅藉九寸者所以藉玉冕服九章者袞龍已下衣五章裳四章建常九斿者但對文日月爲常交龍爲旂而云常者常揔稱故號旂爲常也樊纓九就者樊馬腹帶纓馬鞅以五采罽飾之而九成貳車九乘者案覲禮記云偏駕不入王門鄭云在傍與已同曰偏同姓金路異姓象路四衛革路蕃國木路此等不入王門舍於館乘墨車龍旂以朝彼據覲禮覲禮天子不下堂而見諸侯如諸侯不得申偏駕今此春夏受贄在朝無迎法亦應偏駕

不來今行朝後行三享在廟天子親迎並申上服明乘金路之等若不申上車何得有樊纓九就之等以此知皆乘所得之車也但貳車所飾無文未知諸侯貳車得與上車同否但數依命九乘七乘五乘介九人者陳於大門外賓北面時介皆西北陳之也禮九牢者此謂饔餼大禮朝享後乃陳於館以數有九故進之與介同在上其朝位賓主之間九十步者上公去門九十步王未迎之時在大門內與賓相去之數也立當車軹者軹謂轂末車轅北向在西邊亦去大門九十步公於車東東西相望當轂末擯者五人者大宗伯爲上擯小行人爲承擯嗇夫爲末擯其餘二人是士廟中將幣三享者此謂行朝禮在朝訖乃行三享在廟乃有此迎賓之法也王禮者此與下爲目則自此已下皆王禮耳再祼而酢者大宗伯代王祼賓君不酌臣故也次宗伯又代后祼賓祼訖賓以王爵酢王是再祼而酢也饗禮九獻者謂後日王速賓賓來就廟中行饗饗者亨大牢以飲賓設几而不倚爵盈而不飲饗以訓恭儉九獻者王酌

獻賓賓酢主人主人酬賓酬後更八獻是爲九獻食禮九舉者亦享大牢以食賓無酒行食禮之時九舉牲體而食畢出入五積者謂在路供賓來去皆五積視飱牽但牽牲布之於道三問者案司儀諸公相爲賓云主國五積三問皆三辭拜受皆旅擯注云問問則問行道則勞其禮皆使卿大夫致之若然天子於諸侯之禮亦當使卿大夫問之亦有禮以致之所行三處亦當與三勞同處也三勞者案小行人逆勞於畿案覲禮云至于郊王使人皮弁用璧勞注云郊謂近郊其遠郊勞無文但近郊與畿大小行人勞則遠郊勞亦使大行人也案書傳略說云天子太子年十八投孟侯孟侯者四方諸侯來迎於郊或可遠郊勞使世子爲之是以孝經注亦云世子郊迎郊迎即郊勞也彼雖據夏法周亦然諸侯之禮者餘文云諸侯者兼五等而此諸侯惟據單侯也其禮皆降上公二等又自擯者已下亦皆降殺注繅藉以五采韋衣板若奠玉則以藉之冕服著冕所服之衣也九章者自山龍以下七章者自華蟲以下

五章者自宗彝以下也常旌旗也斿其屬幓垂者也樊纓
馬飾也以罽飾之每一處五采備爲一就就成也貳副也
介輔己行禮者也禮大禮饔餼也三牲備爲一牢朝位謂
大門外賓下車及王車出迎所立處也王始立大門内交
擯三辭乃乘車而迎之齊僕爲之節上公立當軹侯伯立
當疾子男立當衡王立當軫與廟受命祖之廟也饗設盛
禮以飲賓也問問不恙也勞謂苦倦之也皆有禮以幣致
之故書祼作果鄭司農云車軹軹也三享三獻也祼讀爲
灌再灌再飲公也而酢報飲王也舉舉樂也出入五積謂
饋之芻米也前疾謂駟馬車轅前胡下垂拄地者主謂三
享皆束帛加璧庭實惟國所有朝士儀曰奉國地所出物
而獻之明臣職也朝先享不言朝者朝正禮不嫌有等也
王禮王以鬱鬯禮賓也鬱人職曰凡祭祀賓客之祼事和
鬱鬯以實彝而陳之禮者使宗伯攝酌圭瓚而祼王既拜
送爵又攝酌璋瓚而祼后又拜送爵是謂再祼再祼賓乃
酢王也禮侯伯一祼而酢者祼賓賓酢王而已后不祼也

禮子男一祼不酢者祼賔而已不酢王也不酢之禮聘禮
禮賔是與九舉舉牲體九飯也出入謂從來訖去也每積
有牢禮米禾芻薪凡數不同者皆降殺　釋曰云繅藉以
五采韋衣版者案聘禮記云公侯伯三采朱白倉子男二
采朱綠典瑞天子乃五采此諸侯禮而言五采者此注今
三采二采而言五非謂得有五采也云若奠玉則以藉之
者案覲禮侯氏入門右奠圭再拜稽首此時奠玉則以藉
之若然未奠之時於廟門外上介授時已有繅藉矣云冕
服著冕所服之衣也者凡服皆以冠冕表衣故言衣先言
冕鄭恐冕服是服此冕故云著冕所服之衣也云九章者
自山龍以下七章者自華蟲以下五章者自宗彝以下已
具於司服云常旌旗也者鄭欲見常與旌旗皆揔稱非日
月爲常者云斿其屬幓垂者也者爾雅云纁帛縿練旒九
正幅爲縿謂旌旗之幅也其下屬旒故云屬縿垂者也云
樊纓馬飾也以罽飾之每一處五采備爲一就就成也者
此云五采備即巾車注五采罽一也此等諸侯皆用五采

冪與繅藉異以繅藉之上絢組亦同五采也云三牲備爲
一牢者聘禮致饔餼云牛一羊一豕一爲一牢故知也云
朝位謂大門外賓下車及王車出迎所立處也者約聘禮
在大門外去門有立位陳介之所云王始立大門內者亦
約聘禮聘禮雖後亦不出迎要陳擯介時主君在大門內
云交擯三辭乃乘車而迎之者王與諸侯行禮與諸侯待
諸侯同案司儀云諸公相爲賓及將幣交擯三辭車逆拜
辱玄謂既三辭主君則乘車出大門而迎賓是也必知天
子待諸侯敵禮者案下文大國之孤繼小國之君不交擯
其他皆眡小國之君則諸侯於天子交擯交擯是敵禮也
是以齊僕云朝覲宗遇饗食皆乘金路其法儀各以其等
爲車送逆之節亦是敵禮故鄭此即取之爲證也言王立
當軫與者差約小向後爲尊故疑云與也云廟受命祖之
廟也者此約覲禮覲在文王廟故覲禮云前朝皆受舍于
朝注云受舍受次於文王廟門之外聘禮受朝聘於先君
之祧故知王受覲在受命祖廟在文王廟不在武王廟可

知是於受命祖廟也云饗食設盛禮以飲賓也者云盛禮者
以其饗有食有酒兼燕與食故云盛禮也問問不恙也者
恙憂也問賓得無夏憂也云皆有禮以幣致之者案聘禮勞
以幣覿禮使之以辟辟則兼幣是有幣致之也先鄭云舉
舉樂也者案襄二十六年左氏傳云將刑爲之不舉不舉
則徹樂後鄭易之以爲舉牲體者但此經食禮九舉與饗
禮九獻相連故以食禮九舉爲舉牲體其實舉中可以兼
樂以其彼傳亦因舉食而言也先鄭云前疾謂駟馬車轅
前胡下垂拄地者謂若輈人輈深四尺七寸軾前曲中是
也玄謂三享皆束帛加辟庭實惟國所有者聘禮與覿禮
行享皆有庭實鄭又引朝士儀爲證貢國所有也云朝先
享不言朝者朝正禮不嫌有等也者案覲禮行朝訖乃行
享此經冕服九章以下唯言享不見朝禮故鄭言之云朝
正禮不嫌有等者朝在路門外正君臣尊卑之禮不嫌有
九十七十五十步之差等相迎之法故云不嫌有等也既
無等故不言之也宗伯攝裸王與后皆同拜送爵者恭敬

之事不可使人代也云不醉之禮聘禮禮賓是與者聘禮禮賓用醴子男雖一祼不酢與聘禮禮賓同子男用鬱鬯不用醴則別約同之故云與以疑之也云九舉舉牲體九飯也者見特牲饋食禮尸食舉尸三飯佐食舉幹尸又三飯舉骼及獸魚公食不云舉文不具也王日一舉亦謂舉牲體故知生人食有舉法故爲九舉舉牲體不爲舉樂也云出入從來訖去也者謂從來時有積訖去亦有積不謂從來訖去共五積若然來去皆五積也知積皆有芻薪米禾者掌客積視飧牽飧有米禾芻薪明在道致積有可知云凡數不同者皆降殺者五等諸侯爲三等者以依命數爲差故也

凡大國之孤執皮帛以繼小國之君出入三積不問壹勞朝位當車前不交擯廟中無相以酒禮之其他皆眂小國之君

釋曰

案典命上公之國立孤一人侯伯已下則無故云大國之孤也趙商問大行人職曰凡大國之孤執皮帛所尊衆多下云其他眡小國之君小國之君以五爲節今此亦五下云諸侯之卿各下其君二等以下注云公使卿亦七侯伯亦五子男三不審大國孤五而卿七何荅曰卿奉君命七介孤尊更自特見故五介此有聘禮可參之未之思邪反怪此更張擴介又繼小國之君非私覿也然則諸侯之大夫以特接見天子服纏裹於天子或可有私覿結其恩好但無文耳趙商又問大行人職曰孤出入三積此即與小國同宜應視小國之君何須特云三積與例似錯荅曰三積者卿亦然非獨孤也故不在視小國之中與例似錯何所據也然則一勞者亦是卿亦然故須見之若然牢禮卿亦五視小國君五牢同其餘則異案聘禮腥牢無鮮腊醯醢百甕米百筥禾四十車薪芻倍禾案掌客饔餼五牢米八十筥醯醢八十甕米二十車禾三十車薪芻倍禾有此別故在視小國之君中然則孤聘天子既以聘使受禮又

自得禮如是孤法　注此以君命來聘者也孤蕢既聘
再重受禮矣也　享更自以其贄見執束帛而巳
豹皮表之爲飾繼小國之君言次之也朝聘之禮每一國
畢乃前不交擯者不使介傳辭交于王之擯親自對擯者
也廟中無相介皆入門西上而立不前相禮者聘之介是
與以酒禮之酒謂齊酒也和之不用鬱鬯耳其他謂貳車
及介牢禮賓主之間擯者將幣祼酢饗食之數　釋曰云
此以君命來聘者也者畿外之臣不因聘何以輒來故知
因君命來聘者也知孤尊既聘享更自以其贄見執束帛
而巳者若行正聘則執瑑圭璋八寸以行聘何得執皮帛
也但侯伯巳下臣來直行公使執圭璋無此更見法以大
國孤四命尊故天子列見之也案宗伯云孤執皮帛故云
自以其贄見執皮帛而巳云豹皮表之爲飾者宗伯注云
天子之孤飾摯以虎皮公之孤飾摯以豹皮也云繼小國
之君言次之也者謂行禮次在小國君之後云不使介傳
辭交於王之擯者則諸侯行交擯者使介傳於王擯傳而

下又傳而上是也云親自對擯者也者則聘禮賓來在末介下東面上擯亦至末擯下親相與言者是也云廟中無相介皆入門西上而立不前相禮者聘之介是與者案聘禮賓行聘之時擯者納賓賓入門左介皆入門左北面西上注云隨賓入也介無事止於此是介入廟門西上不相者也云是與者彼諸侯法約同天子禮故云與以疑之也云以酒禮之酒謂齊酒也者案聘禮禮賓用醴齊明此亦用醴齊對文三酒五齊別通而言之齊亦明酒故云齊酒也云其他謂貳車至之數者此其他中之數一准上子男禮中即孤之所用者也若然子男用鬯裸孤用醴今得入其他中者裸據小國君而言以其孤用醴醴之不酢子男裸亦不酢裸亦不酢同故與小國君裸而言不謂孤用裸也

凡諸侯之卿其禮各下其君二等以下及其大夫士皆如之 注此亦以君命來聘者也所下其君者介與朝位賓主之間也

其餘則自以其爵聘義曰上公七介侯伯五介子男三介是謂使卿之聘之數也朝位則上公七十步侯伯五十步子男三十步與 釋曰云各下其君二等則五等諸侯據上文三等命而言上公以九侯伯以七子男以五卿自各下其君二等若公之卿以七侯伯卿以五子男卿以三也云及其大夫士皆如之者大夫又各自下卿二等士無聘之介數而言如之者士雖無介與步數至於牢禮之等又降殺大夫大行人首云以九儀注云九儀謂命者五爵者四爵者四中有士故於此連言士其於此經介與步數則無士也引聘義者唯卿各下其君二等仍不見大夫下卿二等案聘禮云小聘使大夫其禮如爲介三介彼侯伯之大夫三介則亦三十步若上公大夫五介五十步子男大夫一介一十步可知鄭不言者舉卿則大夫見矣故不言之也

邦畿方千里其外方五百里謂之侯服歲壹見其貢祀物

又其外方五百里謂之甸服二歲壹見其貢嬪物又其外方五百里謂之男服三歲壹見其貢器物又其外方五百里謂之采服四歲壹見其貢服物又其外方五百里謂之衛服五歲壹見其貢材物又其外方五百里謂之要服六歲壹見其貢貨物釋曰此一經見九州諸侯依服數來朝天子因朝即有貢物此因朝而貢與大宰九貢及下小行人春入貢者別彼二者是歲之常貢也注要服蠻服也此六服去王城三千五百里相距方七

千里公侯伯子男封焉其朝貢之歲四方各四分趨四時
而來或朝春或宗夏或覲秋或遇冬祀貢者犧牲之屬故
書嬪作頻鄭司農云嬪物婦人所爲物也爾雅曰嬪婦也
玄謂嬪物絲枲也器物尊彝之屬服物玄纁絺纊也材物
八材也貨物龜貝也　釋曰云要服蠻服也者職方云蠻
服要蠻義一也鄭計七千里者欲見土廣萬里中國七千
里爲九州有此貢法下云九州之外謂之蕃國以其所貴
寶爲摯無此貢法也云公侯伯子男封焉者對彼蕃國唯
有子男無五等也案馬氏之義六服當面各四分之假令
侯服四分之東方朝春南方宗夏西方覲秋北方遇冬南
方侯服亦然西方北方皆然甸服已外皆然是以韓侯是
北方諸侯而言入覲以其在北方當方分之在西畔故云
覲鄭荅志云朝覲四時通稱故覲禮亦云朝若然鄭不與
馬同觀此注似用馬氏之義者鄭既不與馬同今所解云
四方各四分者謂四方諸侯六服服各四分趨四時而來
或朝春據王城東方或宗夏據王城南方或覲秋據王城

西方或遇冬據王城北方大宰四曰幣貢此中無幣貢者
因朝而貢三享中已有幣故不別貢幣也大宰歲歲常貢
此依服數來朝因朝而貢數既有異時又不同故彼此物
數不類也玄謂器物尊彝之屬者案大宰云器貢先鄭以
爲宗廟之器後鄭易之以爲器貢銀鐵石磬丹漆不從先
鄭此云器物後鄭以爲尊彝之屬與彼先鄭同者彼是歲
之常貢不合有成器故破之此乃因朝而貢得貢成器故
爲尊彝解之知因朝得貢成器者見昭十五年六月大子
壽卒秋八月穆后崩十二月晉荀躒如周葬穆后籍談爲
介以文伯宴尊以魯壺王責之分器籍談歸以告叔向叔
向曰王其不終乎王一歲而有三年之喪二焉於是乎以
喪賓宴又求彝器以此知因朝得貢成器云材物八材也
者據大宰云飭化八材也云貨物龜貝也者貨是自然之
物故知龜貝謂若禹貢揚州納錫大龜厥篚織貝此注所
貢絲枲若青州鹽絺岱畎絲枲荆州厥篚玄纁之類九州之外謂之蕃國世壹

見各以其所貴寶為摯注九州之外夷服鎮服蕃服也曲禮曰其在東夷北狄西戎南蠻雖大曰子春秋傳曰杞伯也以夷禮故曰子然則九州之外其君皆子男也無朝貢之歲父死子立及嗣王即位乃一來耳各以其所貴寶為摯則蕃國之君無執玉瑞者是以謂其君為小賓臣為小客所貴寶見傳者若犬戎獻白狼白鹿是也其餘則周書王會備焉　釋曰云九州之外夷服鎮服蕃服也者此經摠而言之皆曰蕃分為三服據職方而言也云曲禮曰在東夷北狄西戎南蠻雖大曰子并引春秋者欲見蕃國之內唯有子男無五等也案僖二十七年杞桓公來朝用夷禮故曰子用夷禮猶曰子況本在彼者也案書序武王既勝殷巢伯來朝注云巢伯南方之國世一見者夷狄得稱伯者彼殷之諸侯與周異也云父死子立及嗣王即位乃一來耳者此經世中含二父死子立須得受王命故須來新王即位亦須來故明堂位周公朝諸侯于明堂四夷皆在四門

之外周公攝位與新王同況成王新即位也云各以其所貴寶爲摯則蕃國之君無執玉瑞者既以貴寶爲摯何得有別摯乎是以禹會諸侯執玉帛者萬國唯謂中國耳九州爲大賓大客夷狄爲小賓小客案周語穆王初伐犬戎祭公謀父諫不聽遂往征之得四白鹿以歸引之者見是夷狄貴寶此穆王征之而得非自來者亦以此爲贄也云周書王會備焉者王會是書之篇名謂

王之所以撫邦國諸侯者歲徧存三歲徧覜五歲徧省七歲屬象胥諭言語協辭命九歲屬瞽史諭書名聽聲音十有一歲達瑞節同度量成牢禮同數器脩灋則十有二歲王巡守

邦國釋曰此經並是王撫諸侯之事對上經皆是諸侯上撫王室之事注撫猶安也存規省者
王使臣於諸侯之禮所謂間問也歲者巡守之明歲以為
始也屬猶聚也自五歲之後遂間歲徧省也七歲省而召
其象胥九歲省而召其瞽史皆聚於天子之宮教習之也
故書協辭命作叶詞命鄭司農云象胥譯官也叶當為汁
詞當為辭書或為叶辭命玄謂胥讀為諝王制曰五方之
民言語不通慾不同達其志通其慾東方曰寄南方曰
象西方曰狄鞮北方曰譯此官正為象者周始有越重譯
而來獻是因通言語之官為象胥云諝謂象之有才知者
也辭命六辭之命也瞽樂師也史大史小史也書名書之
字也古曰名聘禮曰百名以上至十一歲又徧省焉度丈
尺也量豆區釜也數器銓衡也法八法也則八則也達同
成脩皆謂齎其法式行至則齊等之也成平也平其僭踰
者也王巡守諸侯會者各以其時之方書曰遂覲東后是
也其邦國則四方四時分來如平時釋曰云存規省者

王使臣於諸侯之禮者亦對上諸侯朝王之禮也云所謂
間問也者即上文云間問以諭諸侯之志者也知歲謂從
巡守之明歲爲始者以其巡守已就撫諸侯訖明以後年
爲始也云屬猶聚也者州長職云正月之吉各屬其州之
民而讀法故知屬爲聚也云自五歲之後遂間歲徧省也
者但經一歲與三歲五歲云存規省至七歲九歲十一歲
不云省不言者以五歲已言省義可知故直見其事意也
是以鄭皆連省而言也云皆聚於天子之宮教習之也者
既言屬明聚於天子之宮若不聚于天子之宮焉得諭言
語諭書名聽音聲之等乎明是皆聚于天子宮教習之也
云謂胥讀爲諝者欲取諝爲有才智之意也引王制曰五
方之民者謂四方與中國言語不通嗜慾不同達其志通
其慾故云東方曰寄已下疏已具於序官云辭命六辭之
命也者以辭命連言明是大祝六辭之教命也云瞽樂師
也史大史小史也者樂師與大史小史並是知天道者故
國語云吾非瞽史焉知天道鄭上注瞽即大師是也云書

名書之字也古曰名引聘禮記者證古曰名今世曰字云度丈尺也者案律歷志以子穀秬黍中者一黍爲一分九十黍黄鍾之長十分爲寸十寸爲尺十尺爲丈十丈爲引千二百黍爲龠十龠爲合十合爲升十升爲斗十斗爲斛又云百黍爲銖二十四銖爲兩十六兩爲斤三十斤爲鈞四鈞爲石此直云丈尺略言之也云量豆區釜也者據左氏傳晏子云齊舊四量豆區釜鍾四升爲豆各自其四以登于釜釜十則鍾鍾爲六斛四斗云數器銓衡也者即銖兩之等是也云法八法也則八則也者據大宰云八法治官府八則治都鄙諸侯國有都鄙官府以此法則治之故須脩之云達同成脩皆謂齎其法式者經瑞節度量牢禮數器下至法則等八者皆天子法式之等當豫脩治使輕重大小方圓皆正然後將以齊諸侯器物故云行至則齊等之云平其僭踰者也者若牢禮云侯伯子男卿大夫士依上文及掌客多少皆有常不得僭上故云平其僭踰也云王巡守諸侯會者各以其時之方者謂歲二月東方五

月南方之等據春而言故言書曰遂覲東后是也並據虞書及王制而言亦有同度量等事故虞書云脩五禮五玉并協時月正日之等云殷國則四方四時分來如平時者謂分四方各遂春夏秋冬如平時若六服盡來旨與平時別也

凡諸侯之王事辨其位正其等協其禮賓而見之

釋曰王事謂諸侯朝王之事辨其位謂九十七十五十步之位正其等謂尊卑之等謂覲服旌旗貳車之類皆有等級協其禮謂牢禮饗燕積膳之禮以此禮等賓敬而見之也 注王事以王之事來也詩云莫敢不來王孟子曰諸侯有王 釋曰引詩孟子皆謂王是朝王之事也 **若有**

大喪則詔相諸侯之禮

注詔相左右教告之也 釋曰大喪言若見有非常之禍諸侯為天子斬其哭位周旋擗踊進退皆有禮法左右助也須有助而告教之也 **若有**

四方之大事則受其幣聽其辭　注四方之大事謂國有兵寇諸侯來告急者禮動不虛皆有贄幣以崇敬也受之以其事入告王也聘禮曰若有言則以束帛如享禮　釋曰云四方之大事謂國有兵寇者除兵寇之外諸侯當國自爲大事者非天子之急不即告王故知唯兵寇耳引聘禮者彼雖是諸侯自相告告天子亦然故引爲證也彼注云春秋臧孫辰告糴于齊公子遂如楚乞師晉侯使韓穿來言汶陽之田皆是也　凡諸侯之邦交歲相問也殷相聘也世相朝也　注小聘曰問殷中也久無事又於殷朝者及而相聘也父死子立曰世凡君即位大國朝焉小國聘焉此皆所以習禮考義正刑一德以尊天子也必擇有道之國而就脩之鄭司農說殷聘以春秋傳曰孟僖子如齊殷聘禮也　釋曰言諸侯邦交謂同方嶽者一往一來爲交謂已是小國朝大國已是大國聘小國若敵

國則兩君自相往來故司儀有諸公諸侯皆言相爲賓是也但春秋之世有越方岳相聘者是以秦使術來聘吴使札來聘時國數少故然非正法也云小聘曰問者聘禮文敌彼云小聘曰問不享是也大聘使卿小聘使大夫也云殷中也又無事又於殷朝者及而相聘也者聘義王制皆云三年一大聘此不言三年而云殷者欲見中間又無事及殷朝者來及亦相聘故云殷不云三年也若然聘義與王制皆云比年一小聘此云歲相問不云比年者取歲歲之義也世相朝者謂父死子立曰世是繼世之義也云凡君即位大國朝焉小國聘焉者左氏傳文案文元年公孫敖如齊傳曰凡君即位卿出並聘謂已卿往聘他他卿來聘已是惣語也云大國朝焉已是小國已往朝大國小國聘焉者已是大國使聘小國云此皆所以習禮考義正刑一德以尊天子也者禮記文云必擇有道之國而就脩之者謂差擇有道之國亦先從近始故云親仁善鄰國之寶也是也先鄭說殷聘以春秋傳者案左氏昭公九年傳曰

孟僖子如齊殷聘禮也案服彼注云殷中也自襄二十年叔老聘於齊至今積二十一年聘齊故中復盛聘與此中年數不相當引之者年雖差遠用禮則同故引爲證也

小行人掌邦國賓客之禮籍以待四方之使者 注禮籍名位尊卑之書使者諸侯之臣使來者也 釋曰大行人待諸侯身小行人待諸侯之使者其邦之禮籍則諸侯及臣皆在焉云禮籍名位尊卑之書者名位尊卑以解禮也之書以解籍也云使者諸侯之臣使來者也者即特聘殷覜是也

令諸侯春入貢秋獻功王親受之各以其國之籍禮之 注貢六服所貢也功考績之功也秋獻之若今計文書斷於九月其舊法 釋曰此云貢即大宰九貢是歲之常貢也必使春入者其所貢之物並諸侯之國出稅

於民民稅既得乃大國貢半次國三之一小國四之一皆市取美物少經冬至春乃可入王以是令春入之也秋獻功者物皆秋成諸侯亦法秋故秋獻之云各以其國之籍禮之者即上所掌禮籍尊卑多少不同故云各以其籍也云六服所貢對九州外之三服無此貢也

凡諸侯入王則逆勞于畿 注鄭司農云入王朝於王也故春秋傳曰宋公不王又曰諸侯有王王有巡守 釋曰隱九年宋公不王不宗覲于王鄭伯爲王左卿士以王命討之伐宋也莊二十三年夏公如齊觀社非禮曹劌諫曰不可諸侯有王注云有王朝於王王有巡守非是君不舉矣是也

及郊勞眡館將幣爲承而擯 釋曰此經三事皆爲承而擯也 注眡館致館也承猶丞也王使勞賓於郊致館於賓至將幣使宗伯爲上擯皆爲之丞而擯之 釋曰云眡館致館也者聘禮及下司儀皆云致館故同之也云眡者使卿大夫往眡觀其可否云致者致使有

之云王使勞賓於郊者謂王使大行人勞於郊也至將幣者謂至廟將幣三享云使宗伯爲上擯者唯謂將幣時大宗伯爲上擯於郊勞及眂館二者不使大宗伯爲上擯者以其使者或大行人官卑何得使大宗伯爲擯也當別遣餘官爲上擯小行人爲承擯而言宗伯爲上擯者取宗伯成文爲將幣而言也

凡四方之使者大客則擯小客則受其幣而聽其辭

釋曰云凡四方之使者此文與下爲目則於大小客而言也大客則擯者大客則大行人云大客之儀一也彼鄭云大賓要服以內諸侯大客謂其孤卿則此大客爲要服以內諸侯之使臣也小客謂蕃國諸侯之使臣也

注擯者擯而見之王使得親言也受其幣者受之以入告其所爲來之事

釋曰云擯者擯而見之王使得親言也者則時聘殷覜之時行旅擯入見王王與使之親言也云受其幣者受之以入告其所爲來之事者蕃國諸侯雖子男皆是中國之人

鄭義此皆在朝之卿大夫有過放之於四夷爲諸侯卿爲子大夫爲男是以世一見來時王親見之蕃國之使臣本是夷人不能行禮故直聽其辭而已

使適四方協九儀賓客之禮朝覲宗遇會同君之禮也存覜省聘問臣之禮也注適之也協合也

釋曰自此已下至之禮皆是小行人使適四方之事此言使適四方與下爲目使適四方向諸侯之國所至之國則合九等之儀九儀則上大行人九儀命者五爵者四是也云賓客之禮者賓據命者五客據爵者四此稱賓客之例非通稱也云朝覲宗遇會同君之禮也者此即諸侯之賓故云君之禮也云存覜省聘問臣之禮也者存覜省三者天子使臣撫邦國之禮聘問二者是諸侯使臣行聘時聘殷覜問天子之禮其禮已備於上小行人略言之也

達天下之六節山國用虎節

土國用人節澤國用龍節皆以金爲之

道路用旌節門關用符節都鄙用管節

皆以竹爲之 釋曰此經亦是適四方之事言達天下之六節者據諸侯國而言掌節所云據畿內也虎節人節龍節三者據諸侯使臣出聘所執旌節符節管節三者據在國所用 注此謂邦國之節也達之者使之四方亦皆齎法式以齊等之也諸侯使臣行覜聘則以金節授之以爲行道之信也虎人龍者自其國象也道路謂鄉遂大夫也都鄙者公之子弟及卿大夫之采地之吏也凡邦國之民遠出至他邦他邦之民若來入由國門者門人爲之節由關者關人爲之節其以徵令及家徙鄉遂大夫及采地吏爲之節皆使人執節將之以達之亦有期以反節管節如今之竹使符也其有商者通之以符節如門關門關者與市聯事節可同也亦所以異於畿

内也凡節有天子法式存於國　釋曰云此謂邦國之節
也者對掌節所掌者兼主王國之節也云達之者使之四
方亦皆齎法式以齊等之也者亦如上大行人達瑞節之
等使齎法式往就齊之云諸侯使臣行覜聘則以金節授
之者知是使臣行所執者見掌節云凡邦國之使節山國
用虎節故知此亦使臣所執也諸侯身行不須節以其尊
著故不須也案掌節云守邦國者用玉節注云謂諸侯於
其國中玉節之制如王爲之以命數爲大小此不達玉節
者文略耳亦達可知云道路謂鄉遂大夫也者案掌節注
變鄉遂言道路者容公邑大夫及小都大都之吏今此旌
節中何知不亦容都鄙之吏而以都鄙吏在管節中者彼
都鄙用角節文在上當直是都鄙之主此都鄙用管節彔
在下明都鄙吏在其中若然邦國之中都鄙主及吏同用
管節矣知公之子孫亦有采地者見禮運云諸侯有國以
處其子孫故知亦如王之子弟以親蹟食采也云凡邦國
之民遠出至他邦他邦之民若來入由國門者門人爲之

節由關者關人爲之節者司關云掌國貨之節以聯門市
故知所由之處皆得授之節也云其以徵令及家徙鄉遂
大夫及采地吏爲之節者以其皆主民故授民節也云皆
使人執節將之以達之者此長云邦之民徙於郊則從而
授之明皆將送使達前所也云管節如今之竹使符也者
漢文本紀文帝六年九月初與郡國守相爲銅虎符竹使
符應劭曰竹使符皆以竹箭五枚長五寸鐫刻篆書第一
至第五是也云其有商者通之以符節如門關門關者與
市聯事節可同也者掌節云貨賄用璽節門關用符節各
別司關既言掌國貨之節以聯門市門市節既相聯此中
無貨賄用璽節明同用符節可知故爲此解也云亦所以
異於畿內也者畿內貨賄用璽節門關用符節畿外同用
符節是異也云凡節有天子法式存於國者雖無正文以
意量王者皆須度量於天下其節瑞之等皆是法式故知
國國皆有瑞
節法式也

成六瑞王用瑱圭公用桓圭侯用

信圭伯用躬圭子用穀璧男用蒲璧注成平也瑞信也皆朝見所執以爲信　釋曰此亦通四方若然諸侯國無鎮圭因言之六瑞王人所造典瑞之令小行人直平知得失而已不言達六瑞者諸侯受命已得之不令別作法式以齊故不言達也合六幣圭以馬璋以皮璧以帛琮以錦琥以繡璜以黼此六物者以和諸侯之好故　釋曰此亦小行人至諸侯之國也此六者之中有毛以馬璋以皮二者本非幣云六幣者二者雖非幣帛以用之當幣處故物號爲幣也此六言合以兩兩相配配合之義故言合也　注合同也六幣所以享也五等諸侯享天子用璧享后用琮其大各如其瑞皆有庭實以馬若皮皮虎豹皮也用圭璋者二王之後也二王後尊故享用圭璋而特之禮器曰圭璋特義亦通於此其於諸侯亦

用辟琮耳子男於諸侯則享用琥璜下其瑞也凡二王後諸侯相享之王大小各降其瑞一等及使卿大夫覜聘亦如之　釋曰云合同者配合即是和同故也云六幣所以享也者對上文六者是朝時所用也云五等之諸侯享天子用辟享后用琮其大各如其瑞王人云辟琮九寸諸侯以享天子注云享獻也聘禮享君以辟享夫人以琮引此者欲明君用琮故覲禮享天子云束帛加辟是其施于天子也不言享后文不具言九寸據上公而言明侯伯子男皆如瑞知子男享天子亦用辟琮者覲禮摠稱侯氏用辟明五等同也云皆有庭實以馬若皮者案覲禮三享皆束帛加辟庭實唯國所有奉束帛匹馬卓上九馬隨之中庭西上是其以馬也聘禮奉束帛加辟享庭實皮則攝之是其用皮也聘禮記曰皮馬相間可是也知皮虎豹皮也者郊特牲云虎豹之皮示服猛也是享時所用故知也用圭璋者二王之後也二王後尊故享用圭璋而特之者案玉人辟琮九寸諸侯以享天子言九寸則上公之禮上公用

璧琮則圭璋是二王後明矣言而特之者唯有皮馬無束
帛可加故云特如是皮馬不上堂陳於庭則皮馬之外別
有庭實可知其於諸侯亦用璧琮知者見玉人職云瑑琮
八寸諸侯以享夫人明享君用璧亦八寸是下享天子一
寸如是明二王後相享不可同於天子用圭璋則用璧琮
可知言是兩公自相朝二王後稱公是於諸侯還同二王
後可知引禮器者彼圭璋者據朝聘時所行無束帛可知
是圭璋特之義也云亦通於此者據朝聘之圭特亦通此
享用圭璋故云亦通於此也云子男於諸侯享用琥璜下
其瑞也者覲禮子男已入侯氏用璧琮中則此琥璜不知
何用二王後自相享退入璧琮則子男自相享退用琥璜
可知且子男朝時用璧自相享降一等故用琥璜云凡二
王後諸侯相享之玉大小各降其瑞一等者玉人云瑑琮
八寸諸侯以享夫人禮更無用八寸之法明是上公九寸
降一等至八寸上公既降一寸明侯伯子男各降一等可
知二王後相朝敵無用相尊之法明亦降一寸其子男者

雖退入琥璜亦降一寸可知若然知五等諸侯自相朝圭璋亦如其命數其相享璧琮等則降一寸知者玉人云瑑琮八寸諸侯以享夫人據上公身不太圭璋朝所執者明圭璋自朝天子所執故聘禮云所以朝天子圭與繅皆九寸上公之玉也問諸侯朱緣繅八寸注云於天子曰朝於諸侯曰問記之於聘文互相備以此上公爲然侯伯子男可知也云及從卿大夫覜聘亦如之直言覜聘亦如之不分別享與聘則聘享皆降一寸同故玉人云瑑圭璋八寸璧琮八寸以覜聘此據上公之臣圭璋璧琮皆降一等其餘侯伯子男降一寸明矣其子男之臣享諸侯不得過君用琥璜可知

若國札喪則令賻補之若國凶荒則令賙委之若國師役則令槁禬之若國有福事則令慶賀之若國有禍烖則令哀弔之凡

此五物者治其事故注故書賻作傅槁爲稾鄭司農云賻補之謂賻喪家補助其不足也若今時一室二尸則官與之棺也槁當爲槁謂槁師也玄謂師役者國有兵寇以匱病者也使鄰國合會財貨以與之春秋定五年夏歸粟于蔡是也宗伯職曰以禬禮哀圍敗槁裁水火釋曰此一經據上下文皆據諸侯國此文雖皆單言國亦據諸侯而言案宗伯云以喪禮哀死亡此云國札喪則令賻補之不同者彼據弔葬致哀此據設財物補其不足相包乃具也又此國凶荒則令賙委之宗伯云以荒禮哀凶札不同者言哀凶札者自貶損故曲禮云歲凶年穀不登君膳不祭肺之類是也此云賙委者令他人以財賙委之亦相包乃成也宗伯嘉禮歸脤膰此不見者諸侯無自相歸脤膰法故也但凶禮有五唯不見恤禮以義差之當於師役中兼之嘉禮有六此唯言賀慶一者其飲食冠昏賓射饗燕之法皆當國自行非是相交通之物故此不言之其吉禮軍禮賓禮並不言者天

子須之非所以通行之事故不言也但此中札喪在喪禮中宗伯荒禮荒禮中者欲見札而復荒則與荒札同科若札而不荒自從喪禮也注春秋定五年夏歸粟於蔡者案定四年秋楚人圍蔡故五年歸其粟及其萬民之利害爲一書其禮俗政事教治刑禁之逆順爲一書其悖逆暴亂作慝猶犯令者爲一書其札喪凶荒厄貧爲一書其康樂和親安平爲一書凡此五物者每國辨異之以反命于王以周知天下之故注慝惡也猶圖也釋曰此摠陳小行人使適四方所採風俗善惡之事各各條録别爲一書以報上也此五者上二條條别善惡俱有故利害逆順並言其

悖逆一條專陳姦宼之事其札喪一條專陳凶禍之事其康樂一條專陳安泰之事是方以類聚物以羣分者也

周禮疏卷第四十四

周禮疏卷第四十五

唐朝散大夫行大學博士弘文館學士臣賈公彥等撰

司儀掌九儀之賓客擯相之禮以詔儀容

辭令揖讓之節釋曰此經揔與下諸侯文爲目言九儀是大行人九儀命者五爵者四是儀容辭令揖讓之節並見下文也注出接賓曰擯入贊禮曰相以詔者以禮告王釋曰云出接賓曰擯者即下文交擯而在門外是也云入贊禮曰相者下文及廟唯上相入是也云詔者以禮告王者即下云詔王儀是也

將合諸侯則令爲壇三成宮旁一門釋曰云將合諸侯者合會也謂時見曰會云則令爲壇三成者謂封人爲壇三成注合諸侯謂有事而會也爲壇于國外以命

事宮謂壝土以爲牆壝所謂爲壇壝宮也天子春帥諸侯拜日於東郊則爲壇於國東夏禮日於南郊則爲壇於國南秋禮山川丘陵於西郊則爲壇於國西冬禮月四瀆於北郊則爲壇於國北既拜禮而還加方明於壇上而祀焉所以教尊尊也覲禮曰諸侯覲於天子爲宮方三百步四門壇十有二尋深四尺是也王巡守殷國而同則其爲宮亦如此與鄭司農云三成三重也爾雅曰丘一成爲敦丘再成爲陶丘三成爲昆侖丘謂三重　釋曰云有事而會也者春秋左氏傳文但春秋時有事而會不協而盟是霸者法引之者時雖不同爲有事而行會禮則同故引以爲證云爲壇于國外以命事者宮方三百步明在國外也言命事則上大行人云時會以發四方之禁禁即九伐是其事也云宮謂壝土以爲牆壝所謂爲壇壝宮也者所謂掌舍但掘地爲塹壝土爲埒當牆壝故云牆壝也云天子春帥諸侯自此已下至國北皆覲禮文其爲壇之語鄭加之耳云既拜禮而還加方明於壇上而祀焉所以教尊尊

也者言教尊尊者天子親自拜日禮月之等是尊尊之法教諸侯巳下尊敬在上者也引覲禮者是見爲壇大小尺寸之法據時會諸侯爲壇之法云王巡守殷國者謂巡守就方岳爲壇殷國就王國左右爲壇皆如時會云如此與者約同之故云與以疑之先鄭引爾雅者見三成者三重重高一尺

詔王儀南鄉見諸侯土揖庶姓時揖異姓天揖同姓

釋曰詔告也謂諸侯各就位立王在壇亦立司儀乃告王降壇南向見諸侯乃揖之王揖庶姓巳下先䟽後親爲次案隱十一年滕侯薛侯來朝爭長云周之宗盟異姓爲後是先同姓今此先庶姓後同姓者此經直據揖之儀容從下至高不據盟之先後也

注謂王既祀方明諸侯上介皆奉其君之旂置于宫乃詔王升壇諸侯皆就其旂而立諸公中階之前北面東上諸侯東階之東西面北上諸伯西階之西東面北上諸子門東北面東上諸男門西北面東上王揖之者定其位也

庶姓無親者也士揖推手小下之也異姓昏姻也時揖平
推手也衞將軍文子曰獨居思仁公言言義其聞詩也一
日三復白圭之玷是南宮縚之行也夫子信其仁以爲異
姓謂妻之也天揖推手小舉之　釋曰云謂王既祀方明
諸侯上介皆奉其君之旂置于宮乃詔王升壇諸侯皆就
其旂而立者案覲禮云諸侯覲于天子爲宮方三百步四
門壇十有二尋深四尺加方明于其上方明者木也方四
尺設六色東方青南方赤西方白北方黑上玄下黃設六
玉上圭下璧南方璋西方琥北方璜東方圭上介各奉其
君之旂置于宮尚左公侯伯子男皆就其旂而立四傳擯
天子乘龍載大旂象日月升龍降龍出拜日於東門之外
反祀方明注引朝事儀曰天子冕而執鎭圭尺有二寸繅
藉尺有二寸搢大圭乘大路建大常十有二旒樊纓十有
二就貳車十有二乘帥諸侯而朝日於東郊所以教尊尊
也退而朝諸侯由此二者言之已祀方明乃以會同之禮
見諸侯也若然覲禮上介奉君之旂置于宮尚左及公侯

伯子男就其旂而立幷四傳擯者並陳設其位其立當在
祀方明後是以彼下文乃始云拜日之禮反祀方明之事
故彼置旂于宮之下注云置于宮者建之豫爲其君見王
之位也是其未即立也此鄭注依次第而言故云謂王既
祀方明諸侯上介皆奉其君之旂置于宮乃詔王升壇諸
侯皆就其旂而立也云諸公中階之前至諸男門西北面
諸侯立位處所也皆以近王爲上云王揖之者定其位也
東上皆明堂位周公朝諸侯之禮覲禮注亦引之證五等
者此約燕禮云卿大夫皆入門右北面立公降階揖之卿
得揖東廂西面大夫得揖中庭少進北面其位乃定此王
揖亦得揖乃定有少別者彼諸侯揖臣臣皆北面得揖就
位此五等立已在位王揖之逡巡而已位乃定是其別也
凡揖皆推手至於擡即引手爲異也衞將軍文子者此大
戴禮文引之證有異姓之事也案大戴禮云衞將軍文子
問子貢曰蓋受教者七十有餘人聞之孰爲賢子貢對之
歷陳諸子之行遂陳南宮紹之行此乃子貢之辭而云衞

將軍文子曰者此實子貢辭篇名衞將軍文子故引篇名耳

及其擯之各以其禮

釋曰此即

上四傳擯之時也四傳擯彼注云公也侯也伯也各一位子男使門而俱東上亦一位是子男共爲位故共一擯也

公於上等侯伯於中等子男於下等

注謂執玉而前見於王也擯之各以其禮者謂擯公者五人侯伯四人子男三人也上等中等下等者謂所奠玉處也壇三成深四尺則一等一尺也壇十有二尋方九丈六尺則堂上二丈四尺每等丈二尺與諸侯各於其等奠玉降拜升成拜明臣禮也既乃升堂授王玉

釋曰

下云將幣據三享故知此文擯之據執玉見王也云擯之各以其禮者謂擯公者五人侯伯四人子男三人也者大行人云公擯者五人已下此云擯之各以其禮是據擯爲數不據餘禮也云上等中等下等者謂所奠玉處也者上云爲壇三成此言三等明據三等壇奠玉處而言也云壇

三成者據上文云深四尺者覲禮文云則一等一尺巳下
鄭君以意解之無正文一等爲一尺發地一尺上有三成
爲三尺揔四尺也鄭注覲禮云從上向下爲深故云深曰
尺云壇十有二尋者覲禮文云方九十六尺者尋八尺計
之所得九十六尺云則堂上二丈四尺每等丈二尺與者
並鄭以意解之故云與以疑之上二丈四尺爲堂王立之
處并祀方明之所云諸侯各於其等奠玉降拜升成拜明
臣禮也者公奠玉於上等降拜於中等侯伯奠玉於中等
降拜於下等子男奠玉於下等降拜於地及升成拜皆於
奠玉之處必知有降拜升成拜者亦約燕禮臣得君酬酒
皆降拜君使小臣辭之乃升成拜明此王禮亦然言成拜
者鄉於下拜之時王使人辭下拜之不成故於升乃更成
前拜故云成拜是敬上之禮故云明臣禮也云既乃升堂
授王玉者禮法禮敵並授禮不敵者訝受此行臣禮則諸
侯皆北面授之於堂上也王既受玉約聘禮亦當側授其
宰玉此壇上無坫不得取明堂位崇坫亢圭爲義也

將幣亦如之其禮亦如之注將幣享也禮謂以鬱鬯祼之也皆於其等之上　釋曰云將幣者即將幣三享一也但彼大行人據在廟此據在壇云亦如之者鋅以帛琮以錦如前公於上等之類云其禮亦如之者即大行人上公再祼而酢亦如公於上等之類王燕則諸侯毛注謂以須髮坐也朝事尊尊上爵燕則親親上齒鄭司農云謂老者在上也老者二毛故曰毛　釋曰此燕則公三燕侯伯再燕子男一燕云朝事尊尊上爵者依爵尊卑爲先後云燕則親親上齒者此乃不問爵之尊卑取以年齒爲先後也凡諸公相爲賓注謂相朝也　釋曰云相朝則是兩公自相朝故下經云諸侯諸伯諸子諸男相爲賓客以禮相待並是兩諸侯相朝之事也主國五積三問皆三辭拜受皆旅擯再勞三辭三揖登拜受

拜送注賓所停止則積間闊則問行道則勞其禮皆使卿大夫致之從來至去數如此也三辭辭其以禮來於外也積問不言登受之於庭也鄭司農云旅讀爲旅於大山之旅謂九人傳辭相授於上下竟問賓從末上行介還受上傳之玄謂旅讀爲鴻臚之臚臚陳之也賓之介九人使者七人皆陳擯位不傳辭也賓之上介出請使者則前對位皆當其末擯焉三揖謂庭中時也拜送送使者

釋曰云賓所停止則積者謂遺人云十里有廬廬有飲食三十里有宿宿有委五十里有市市有積是也云間闊則問者上注問問不恙也云行道則勞者謂勞苦之云皆使卿大夫致之者案聘禮遣卿行勞禮臣來尚遣卿勞明君來遣卿勞可知此再勞一勞在境一勞在遠郊皆使卿其近郊勞當主君親爲之也其積問當使大夫故下句云致飧如致積之禮注云俱使大夫禮同也知致飧使大夫者見聘禮宰夫朝服設飧宰夫即大夫問亦小禮明亦使大夫也云從來至去數如此也者五積三問再勞來去皆有

此數故云數如此也先鄭云旅讀爲旅於大山之旅謂九人傳辭相授於上下覓問賓從末上行介還受上傳之者此先鄭以爲旅擯與交擯同之後鄭不從者此臣禮云旅擯下文云主君郊勞交擯三辭明其別旅直陳擯介不傳辭交則一往一來傳辭也云玄謂旅讀爲鴻臚之臚臚陳之也者案爾雅釋詁云尸旅陳也釋言云豫臚叙也注云皆陳叙也後鄭不從旅大山之旅從臚者欲取叙義也云賓之介九人者自從公介九人之禮云使者七人者自從降二等之禮云皆陳擯位不傳辭也賓之上介出請使者則前對位皆當其末擯爲者此皆約聘禮主君大門內迎聘賓之位也云三揖謂庭中時也者如聘禮入門揖當曲揖當碑揖是也

主君郊勞交擯三辭車逆拜辱三揖三辭拜受車送三還再拜

釋曰此當近郊勞交擯三辭者主君至郊二有館舍賓在內主君至館大門外主君北面

而陳旺九介去門九十步東面賓在大門內於門外之東
亦陳九介西面不陳五擯者非主君從賓禮故也三辭者
賓一辭主君以禮來於外車迎拜辱者傳辭既說賓乘車
出大門迎主君至主君軓下車拜主君屈辱自至郊也三
揖者入門及當曲當碑爲三揖三辭者辭讓升堂拜受賓
再拜乃受幣主君亦當拜送不言者文略也車送者賓乘
車出門就主君若欲遠送之三還者主君賓送已主君
三還辭之再拜者賓見主君辭遂再拜送主君也注郊勞
備三勞而親之也鄭司農云交擯三辭謂賓主之擯者俱
三辭也車逆主人以車迎賓於館也拜辱賓拜謝辱也立
謂交擯者各陳九介使傳辭也車逆拜辱者賓以主君親
來乘車出舍門而迎之若欲遠就之然見之則下拜迎謝
其自屈辱來也至去又出車若欲遠送然主君三還辭之
乃再拜送之也車送迎之節各以其等則諸公九十步立
當車軓也三辭重者先辭辭其以禮來於外後辭辭升堂
釋曰云備三勞而親之也者大行人有三問三勞之文○

主君身自勞是親之也先鄭云車迎主人以車迎賓於館也拜辱賓拜謝辱也後鄭不從者此直是備三勞既來至國何有輒迎賓於館乎主謂各陳九介者以其在道俱不爲主故無五擯之事故各陳九介也云立當車軹也者賓主俱立當軹大行人文云後辭辭升堂者案鄉飲酒禮主人取爵降洗賓降主人坐尊爵于階前辭注云事同曰讓事異曰辭禮升堂是事同不云讓而云辭者此賓主敵者主人之意欲有受於庭之心故從事異曰辭是以下諸公之臣等升堂皆云讓依事同曰讓非敵故聘義云三讓而後傳命三讓而後入廟門並事異不云辭者欲取致尊讓之意變文耳又彼記文非正經故不爲例也

致館亦如之 注館舍也使大夫授之君又以禮親致焉

釋曰鄭知使大夫授舍者見聘禮云大夫帥至館卿致之以此知先遣大夫授館也此大夫亦卿是卿云亦如之者上主君郊勞此親致館明亦如之致也凡云致者皆有幣以致之致之使者已有然也

致飧

如致積之禮注俱使大夫禮同也飧食也小禮曰飧大禮曰饔餼　釋曰上公飧五牢賓始
至之禮欲致館後即言之云如致積之禮者積在道已致
故云如之以其俱小禮不使卿故云俱使大夫禮同也云
飧食也者以其芻薪米禾食之類故云食也云小禮曰飧
者聘禮使宰夫設飧飧禮物又少故曰小云大禮曰饔餼者
以其有腥有牽芻薪米禾又多故曰大是以聘禮記云聘
曰致饔注云急歸大禮又以下文致饔餼亦在將幣後即
致之也

及將幣交擯三辭車逆拜辱賓車進荅
拜三揖三讓每門止一相及廟唯上相入賓
三揖三讓登再拜授幣賓拜送幣每事
如初賓亦如之及出車送三請三進再拜

賓三還三辭告辟釋曰及至也至將幣謂賓初至館後日行朝禮之時故云至將幣幣即圭璋也云交擯三辭車逆拜辱賓車進荅拜者此並在主君大門外賓去門九十步而陳九介主君在大門外之東陳五擯上擯入受命出請事傳辭與承擯承擯傳與末擯末擯傳與末介末介傳與承介承介傳與上介上介傳與賓賓又傳與上介上介傳與承介承介傳與末介末介傳與末擯末擯傳與承擯承擯傳與上擯上擯入告君如是者三謂之交擯三辭諸交擯者例皆如此也言逆拜辱者傳辭既訖主君乗車出大門至賓所下車拜賓屈辱來此也賓車進荅拜者賓初升車進就主君主君下賓亦下車荅主君拜也三揖者主君遥揖賓使前北面三讓入大門也云每門止一相者既入門廻面東至祖廟之時祖廟西仍有二廟以其諸侯五廟始祖廟在中兩廟各有二廟各別院爲之則有二門門傍皆有南北隔牆隔牆皆通門故得有每門若不然從大門内即至祖廟之門

何得有毋門而云門止一相乎故為此解也云上相入者相入即上擯上介須詔禮故須入云三揖者亦謂入門揖

當曲揖當碑揖也云三讓登者至階主君讓賓賓讓主君如是者三主君先升云再拜授幣者授當為受賓主俱升

主人在阼階上北面拜乃就兩楹間南面賓亦就主君賓授玉主君受之故云再拜受幣也云賓拜送幣者賓既授

乃退向西階上北面拜送幣乃降也注鄭司農云交擯擯者交也賓車進答拜賓上車進主人乃答其拜也及出

車送三請主人三請留賓也三進進隨賓也賓三還三辭告辟賓三還辭謝言已辭去也玄謂既三辭主君則乘還

出大門而迎賓見之而下拜其辱賓車乃前則下答拜也三揖若相去九十步揖之使前也至而三讓讓入門也相謂

主君擯者及賓之介也謂之相者於外傳辭耳入門當以禮詔侑也介紹而傳命者君子於其所尊不敢質敬之至

也每門止一相彌相親也君入門介拂闑大夫中棖與闑之間士介拂棖此為介鴈行相隨也止之者絕行在後耳

賓三揖三讓讓升也登再拜授幣授當爲受主人拜至且受玉也每事如初謂享及有言也賔當爲儐謂以鬱鬯禮賔也上於下曰禮敵者曰儐禮器曰諸侯相朝灌用鬱鬯無籩豆之薦謂此朝禮畢儐賔也三請三進請賔就車也主君每一請賔一進欲遠送之也三還三辭主君一請者賔亦一還一辭　釋曰先鄭云賔車進荅拜賔上車進主人乃荅其拜也後鄭不從者車逆拜辱已是主人今云車進荅當是客何得主人再度拜故不從也云及出車送三請主人三請留賔也後鄭亦不從者行朝享禮賔訖送賔出禮既有限何因更有留賔之事故不從也云介紹而傳命者此聘義文案彼介紹而傳命謂聘者旅擯法引證此交擯者但紹繼也謂介相繼而陳則交擯旅擯皆得爲紹故此交擯亦得紹介而傳命也案彼注質謂正自相當賔主不敢正自相當故須擯介通情也云君入門介拂闑大夫中棖與闑之間士介拂棖者玉藻文君入門不言所拂者朝君入由闑

西亦拂闑不言之者君特行不與介連類故不言也介拂闑者上介隨君後與大夫士介自爲鴈行於後也云止之者絶行在後耳者知不全入而爲絶行在後者以聘禮介皆入廟門門西北面西上故知此君介亦入門門西北面西上可知故云絶行在後後亦入廟也云登再拜授幣授當爲受者欲見登再拜受玉者主君止得爲受不得爲授之義故也云拜至且受玉也者拜中含此二事故也云每事如初謂享及有言也者案聘禮享夫人下云若有言束帛如享禮是也云上於下曰禮敵者曰擯者大行人云王禮再祼而酢之屬是上於下曰禮此諸侯云擯是敵者曰擯也云禮器曰諸侯相朝灌用鬱鬯無籩豆之薦引之者證擯亦用鬱鬯也云主君一請賓亦一還一辭者則主君三請三進共賓三還三辭一一相將但別言之耳

致饔餼還圭饗食致贈

郊送皆如將幣之儀 注此六禮者惟饗食速賓耳其餘主君親往親往者

賓爲主人主人爲賓君如有故不親饗食則使大夫以
酬幣侑幣致之鄭司農云還圭歸其玉也故公子重耳
受飧反璧玄謂聘以圭璋禮也享以璧琮財也已聘而
還圭璋輕財而重禮贈送以財旣贈又送至于郊　釋
曰知饗食速賓者案公食大夫禮君親食之君不親食
則以侑幣致之聘禮云公於賓壹食再饗上介壹食壹
饗若不親食致之以侑幣致饗以酬幣以此知二者皆
速賓也云其餘主君親往親往者賓爲主人主人爲賓
者見聘禮云君使卿歸饔餼又云賓迎于外門外又云大
夫東面致命君使卿還玉于館賓迎于外門外不拜帥大
夫以入鄭君以此二者知賓爲主人主人爲賓致贈郊送
亦然可知也聘禮乃君於臣此兩君敵明主君親爲之矣
先鄭云公子重耳事見僖公二十三年公子重耳反國及
曹曹共公聞其駢脅欲觀其裸浴薄而觀之僖負羈之妻
曰吾觀晉公子之從者皆足以相國若以相夫子必反其
國反其國必得志於諸侯得志於諸侯而誅無禮者曹其

首也子盍蚤自貳焉乃饋盤飧寘璧焉公子受飧反璧是
其事引之者證還圭之事但彼反璧者義取不貪寶意非
還圭故後鄭不從也玄謂聘以圭璋禮也者聘義云以圭
璋聘重禮也謂行聘禮也云享以璧琮財也者貢財貨時
用璧琮以致之故云財也云已聘而還圭璋輕財而重禮
者還圭璋是重禮璧琮不還是輕財也云贈送以財者聘
禮賓遂行舍于郊公使卿贈如覿幣注云 賓之拜禮拜
言如覿幣見爲反報是贈并送至于郊
饔餼拜饗食 注鄭司農云賓之拜禮者因言賓
所當拜者之禮也所當拜者拜饔
餼拜饗食玄謂賓將去就朝拜謝此三禮三禮禮之重者
也賓既拜主君乃至館贈之去又送之于郊 釋曰先鄭
所說是後鄭增成其義案聘禮饔餼燕羞俶獻之明日
賓皆拜於朝將去又三拜乘禽于朝彼臣故盡拜謝此賓
之拜禮在致贈郊送之下則不及燕羞俶獻乘禽以其君
略小惠將去惟拜其大禮也案聘禮賓三拜乘禽於朝遂

行舍于郊公使卿贈若然此致贈郊送在拜禮後今設文在前者欲取如將幣之儀故進文在前其贈送合在後也云賓既拜主君乃至館贈之去又送之于郊者鄭以贈送之文在前拜禮在後恐疑顛倒故此解之是其次也

賓繼主君皆如主國之禮 注鄭司農云賓繼主君復主人之禮費也故曰皆如主國之禮玄謂繼主君者儐主君也儐之者主君郊勞致館饔餼還圭贈郊送之時也如其禮者謂玉帛皮馬也有饌陳之積者不如也若饗食主君及燕亦速焉

釋曰先鄭云繼主君復主人之禮費也後鄭不從者主人禮費既多非賓所能復玄謂繼主君者儐主君也者案聘禮君遣卿勞及致館等皆儐儐者報也上注云敵者曰儐故此報主君爲儐云儐之者主君郊勞致館饔餼還圭贈郊送之時也如其禮者謂玉帛乘馬也者案聘禮云賓至于近郊君使卿朝服用束帛勞又云賓用束錦儐勞者君使卿韋弁歸饔餼又云大夫奉束帛又云賓降授老幣出

迎大夫注云出迎欲儐之庭實設馬乘賓降堂受老束錦賓奉幣西面大夫東面賓致幣是皆有儐法彼兩臣有儐此兩公有儐可知也若然彼聘禮致館無儐者彼君使卿致館不以幣故亦無儐明此兩君致時有幣合亦儐之也彼聘禮賓不見有饗食速主君者臣於君雖他國亦不敢速君故禮記云大夫饗君非禮是也此兩君即得其燕食等皆得速主君也主君有故不能親以侑幣酬幣致之亦無儐鄭彼注云以己本宜往還于館及還享雖無束帛文亦當儐之矣

諸侯諸伯諸子諸男之相為賓也各以其禮相待也如諸公之儀 注賓主相待之儀與諸公同也饔餼饗食之禮則有降殺 釋曰五等諸侯以命數分為三等其圭璋饔餼飧食積步數擯介皆有降殺備於大行人掌客其進退升降揖讓之儀一與公同故云如諸公之儀

諸公之臣相為國客也 注謂相聘 釋曰

謂上諸公之臣相聘往來爲國客相待相送之儀此法皆備於下文也則三積皆三辭

拜受注受者受之於庭也侯伯之臣不致積　釋曰此謂在道之禮於路館致之亦有束帛致之云三辭拜受者辭不受三辭後受之故云三辭拜受也知受之於庭者上諸公即云登登謂登堂此不云登故知受於庭也知侯伯之臣不致積者案聘禮以五介又張旜是侯伯之卿聘使者緟不云積明侯伯之臣不致積可知但不以束帛行禮致之豈於道全無積乎明有也及大夫郊勞旅擯三辭拜辱

三讓登聽命下拜登受賓使者如初之儀

及退拜送注登聽命賓登堂也賓當爲擯勞用束帛儐用束錦侯伯之臣受勞於庭　釋曰案聘禮此亦近郊勞也旅擯不傳辭賓使各陳七介而已云三辭拜辱者賓從館內出於大門拜使者辱命來於外云三讓

考讓升堂云登聽命者賓登堂聽使者傳主君之命也云下拜登受者賓聽命訖下堂拜命訖登堂受幣也云賓使者如初之儀者謂使傳命訖禮畢出門賓以束帛賓使者如初行勞時之儀前賓受幣今使者受幣受幣雖異威儀則同敬主君使者也　知勞用束帛儐用束錦者約聘禮郊勞知之知侯伯之臣受勞於庭者亦案聘禮賓是侯伯之臣云受於舍門內是不登堂也　**致館如初之儀**　注如郊勞也不儐耳侯伯之臣致館于庭不言致飧者君於聘大夫不致飧也聘禮曰飧不致賓不拜　釋曰案聘禮賓至使大夫帥至館卿致館此公之臣亦當然上云郊勞此云如初如初郊勞也鄭知不儐者聘禮致館無束帛賓亦無儐如此亦然也云侯伯之臣致館于庭者亦案聘禮知之云君於聘大夫不致飧也引聘禮飧不致賓不拜者案聘禮致館之下即云宰夫設飧即此致館下不云致飧故云君於聘大夫不致飧如是五等之臣皆無致飧也　**及將幣旅擯三辭**

拜逆客辟三揖每門止一相及廟唯君相入三讓客登拜客三辟授幣下出每事如初之儀

釋曰及至也謂賓在館至將幣將幣亦謂圭璋也云旅擯三辭者亦謂於主君大門外主君陳五擯客陳七介不傳辭故云旅擯也云三辭者前郊勞三辭辭其以禮來於外此三辭辭其主君以大客禮當已云拜逆客辟者謂三辭訖主君遣上擯納賓賓入大門主君在大門內南面拜拜賓奉君命屈辱來見已客辟不受拜者使者奉君命來不敢當拜故逡巡辟君拜也云三揖者亦揖之使前云每門止一相者謂彌相親也云及廟唯君相入者與前諸公少異彼是兩君故云唯上相入則兩君擯介各有上相亦不入故據君而言也云三讓客登者案聘義云三讓而後入廟門三揖而後至階此不言者文不具客登者主君與客俱登據客而言故云客登也云拜客三辟者主

君與客俱登訖上君於阼階上北面拜拜賓書至此堂幷
拜受幣云客三辟者三退負序不敢當君拜云授幣者授
玉與主
君也
注 客辟逡巡不荅拜也唯君相入客臣也相不入
矣拜主君拜客至也客三辟三退負序也每事
享及有言　釋曰云客辟逡巡不荅拜也者釋上拜逆客
辟也云客三辟三退負序也者案聘禮云賓三退負序注
云三退三逡巡也不言辟者以執圭將進授之此亦執圭
將授言辟者儀禮是委曲行事故以執圭將進不得云辟
此周禮事未見據大揔而言故云辟無嫌三退負
序聘禮文云每事享及有言者亦約聘禮知之
及禮

私面私獻皆再拜稽首君荅拜 注 禮以醴
禮客私面
私覿也既覿則或有私獻者鄭司農云說私面以春秋傳
曰楚公子弃疾見鄭伯以其良馬私面　釋曰此三者皆
於聘日行之故并言之云君荅拜者雖是異國之臣當空
首拜也知禮以醴禮客者案聘禮禮客用醴齊異於君鬱

皂也云私面私覿也者案聘禮賓奉束錦請覿又云問卿訖賓面如覿幣注云面亦見也其謂之面威儀質也彼不見有私獻又於君謂之覿於卿謂之面覿面別此云私面私覿爲一者以彼文兩見則私覿據君私面據卿此文不見有私覿直言私面豈不見君直見臣也明此私面主於君故以私面爲私覿也彼無私獻非常故彼記云既覿賓若私獻奉獻將命故此注云既覿則或有私獻者也云春秋者案左氏昭六年楚公子棄疾如晉過鄭見鄭伯如見王以其乘馬八匹私面見子皮如上卿以馬六匹見子產以馬四匹見子大叔以馬二匹稱面者以其面亦覿也且過鄭非正聘故以面言之

出及中門之外問君客再拜對君拜客辟而對君問大夫客對君勞客客再拜稽首君答拜客趨辟注中門之外即大門之內

也問君曰君不恙乎對曰使臣之來寡君命臣于庭問大夫
曰二三子不恙乎對曰寡君命使臣于庭二三子皆在勞
客曰道路悠遠客甚勞勞介則曰二三子甚勞問君客再
拜對者爲敬慎也　釋曰賓來主爲以君命行聘享是以
先行聘享訖乃始行私相慰問之事是以聘禮注云鄉以
公禮將事無由問也云中門之外即大門之內也者聘禮
云及大門內公問君故指彼云即大門內也案聘禮云及
大門內公問君賓對公再拜注云賓至始入門之位北面
將揖而出衆介亦在其右少退西上於此可以問君居處
何如序勞勤也時承擯紹擯亦於門東北面東上上擯往
來傳君命南面云問君曰已下未知鄭君所出何文或
云是孔子聘問之辭亦未得其實也爾雅云恙憂也　致
饔餼如勞之禮饗食還圭如將幣之儀　釋曰
云致饔餼如勞之禮者同使卿威儀進止
皆如上郊勞之禮還以本圭故云如也　注　饗食亦
謂君不

親而使大夫以幣致之 釋曰知饗食是君不親者以其與還圭共文同是致之故知君不親使大夫致之也致饗及還玉賓主皆是大夫其將幣主君與使臣行禮如將幣者蓋不盡如之所如者如旅擯主人皮弁賓皮弁襲將幣同自餘則別是以聘禮君使卿皮弁還玉于館賓皮弁襲迎于外門外不拜帥大夫以入大夫升自西階鉤楹賓自碑內聽命升自西階自左南面受圭退負右房而立是與將幣別之事也

君館客客辟介受命遂送客從拜辱于朝

注君館客者客將去就省之盡殷勤也遂送送君拜以送客 釋曰案聘禮云公館賓賓辟注云言辟者君在廟門敬也又云上介聽命注云聽命於廟門中西面如相拜然也然則此中行事亦爾鄭知君拜送者見聘禮云聘享夫人之聘享問大夫送賓公皆再拜是其有拜此云客從拜辱于朝者聘禮曰公退賓從請命于朝公辭賓退是也

明日客

拜禮賜遂行如入之積 注禮賜謂乘禽君之加惠也如入之積則三積從來至去 釋曰案聘禮云館賓下云賓三拜乘禽於朝以此知禮賜是乘禽也云遂行如入之積鄭云如入之積則三積從來至去者入與出各三積故得以後如前以此而言諸侯言出入五積四積三積之類入出各五各四各三者也 凡侯伯子男之臣以其國之爵相為客而相禮其儀亦如之 注爵卿也大夫也士也 釋曰諸侯之臣言爵相為客而相禮者不離三等卿大夫士鄭注掌客云爵卿也則飧二牢饔餼五牢大夫也則飧大牢饔餼三牢士也則飧少牢饔餼大牢也此降小禮豊大禮也以命數則參差難等略於臣用爵而已以此三等相禮也云其儀亦如之者亦以三等相差七十步七介五十步五介三十步三介小聘使大夫又降殺也 凡四方之

賓客禮儀辭命餼牢賜獻以二等從其爵而上下之 注上下猶豐殺也 釋曰上經云爵鄭以卿大夫士三等解之此經云二等即與大行人云諸侯之卿各下其君二等大夫士亦如之大夫下卿士下大夫降殺以兩解之同也云從其爵者以三等降殺從三等而爲之云上下猶豐殺也者爵尊者禮豐爵卑者禮殺以二等爲豐殺也 凡賓客送逆同禮 注謂郊勞郊送之屬 釋曰經云送逆故知郊勞郊送也郊勞是逆郊送是送尊卑不同此二者一也 凡諸侯之交各稱其邦而爲之幣以其幣爲之禮 釋曰此一經惟論享幣多少及主國報禮輕重之事言交者兩國一往一來謂之交言各稱其邦而爲之幣者據朝聘所齎享幣大國多小國少云以其幣爲之禮者據主國賄客還外

來者多少注幣享幣也於大國則豐於小國則殺主國而報之禮之如其豐殺謂賄用束紡禮用玉帛乘皮及贈之屬 釋曰鄭知幣是享幣者以其經云稱其邦復之幣明幣是享幣不得據圭璋璧琮也知是賄用束紡禮用玉帛乘皮及贈之屬者案聘禮還玉之下云賓裼迎大夫賄用束紡注云所以遺聘君可以為衣服又云禮玉束帛乘皮注云禮禮聘君也所以報享也又云遂行舍于郊公使卿贈如覿幣記云賄在聘為賄是其豐殺多少者也

凡行人之儀不朝不夕不正其主面亦不背客注謂擯相傳辭時也不正東鄉不正西鄉常視賓主之前却得兩鄉之而已 釋曰此經論司儀為擯相之法朝謂日出時為正鄉東夕謂日入時為正鄉西云不正其主面則亦不背客故鄭云常視賓主之前却得兩鄉之而已言此者正謂司儀隨機旋轉不常厥處者也

行夫掌邦國傳遽之小事媺惡而無禮者凡其使也必以旌節雖道有難而不時必達釋曰行夫者以身自行於外言美惡無禮者無擯介而單行謂之無禮也云必以旌節者道路用旌節故也云雖道有難而不時者無難者即依程至秖由有難故不時云必達者雖不時必達於所往之處也

注傳遽若今時乘傳騎驛而使者也美福慶也惡喪荒也此事之小者無禮行夫主使之道有難謂遭疾病他故不以時至也必達王命不可廢也其大者有禮大小行人使之有故則介傳命不嫌不達

釋曰云美福慶也者謂諸侯國有生男及嫁娶等云惡喪荒也者謂民有死喪及年穀不孰若諸侯薨之等大事即使卿大夫若春秋王使榮叔宰咺之等有禮不使行夫也云他故者謂賊寇及水旱之等云必達王命不可廢也者以其行

夫下士三十二人以人數多縱有難必達也云其大者有禮大小行人使之者案大行人雖不云身使之事其間問及王之所以撫諸侯之等式身自行小行人云使適四方是身行之事也

居於其國則掌行人之勞辱事焉使則介之

注 使謂大小行人也故書曰夷使鄭司農云夷使使於四夷則行夫主爲之介玄謂夷發聲

釋曰先鄭以夷使使於四夷後鄭不從以爲夷發聲者以經云居則掌行人之勞辱事是行人所使即云介明還與行人爲介文勢不容與行人別行直四夷使自使象胥何得使行夫也故不從之也

環人掌送逆邦國之通賓客以路節達諸四方

釋曰此環人與夏官環字雖同義則異彼環人主致師此環人主環遶賓客使不失脫是其異也

注通賓客以常事往來者也路節旌節也四方坼上　釋曰云通賓客以常事往來者也者謂朝覲會同者也云路節旌節也者以其道路用旌節故知路節旌節也云四方坼上者至畿即入諸侯國諸侯國自有通之者也

舍則授館令聚欜有任器則令環之　釋曰館則道上廬宿市所館舍任器謂賓客任用之器　注令令野廬氏也鄭司農云四方人有任器者則環人主令殉環守之　釋曰令令野廬氏也者其職云若有賓客則令守涂地之人聚欜之故知令野廬也

凡門關無幾送逆及疆　注鄭司農云門關不得苛留環人也主謂環人送逆之則賓客出入不見幾　釋曰先鄭云門關不得苛留環人也者以環人乃是執節之人事不畏門關苛留故後鄭以為環人送逆之則門關不得苛留賓客

象胥掌蠻夷閩貉戎狄之國使掌傳王之言而諭説焉以和親之注謂蕃國之臣來覜聘者釋曰蕃國之君世壹見其臣得有覜聘者彼雖無聘使法有國事來小行人受其幣聽其辭以中國覜聘況之耳其實無覜聘也若以時入賓則協其禮與其辭言傳之注以時入賓謂其君以世一見來朝爲賓者　釋曰云協其禮者夷狄之君雖不能行中國禮及其行朝覲亦當以禮和合之使得其所也云與其辭言傳之者但夷狄之君本是中國卿大夫有罪使任於彼計應言辭可知而言協其辭言傳之者謂君外之衆須譯語者也凡其出入送逆之禮節幣帛辭令而賓相之注從來至去皆爲擯而詔侑其禮儀　釋曰夷狄無王帛來向中國而云幣帛者謂王有賜與

之者也凡國之大喪詔相國客之禮儀而正其位注客謂諸侯使臣來弔者　釋曰大喪言凡則非王喪若王喪諸侯皆來何得有使臣來諸侯絶無來者則大喪王后世子也或大喪王喪不言諸侯者餘官掌之此象胥直掌臣也又象胥本主夷狄之使亦兼掌中國之使故下有大事諸侯之等也凡軍旅會同受國客幣而賓禮之注謂諸侯以王有軍旅之事使臣奉幣來問　釋曰言諸侯以王有軍旅之事使臣奉幣帛來問者正謂禮動不虛以爲相見之禮以幣致其君命非謂別有幣也凡作事王之大事諸侯次事卿次事大夫次事上士下事庶子注作使也鄭司農云王之大事諸侯使諸侯執大事也次事卿使卿執其次事也次事使大夫次事上士下事使庶子　釋曰直言上士

不言中士下士者揔以王之三等之士皆曰上士與王制所云元士同也云庶子者謂若宫伯所云士庶子之等直云庶子兼適子在其中也

掌客掌四方賓客之牢禮餼獻飲食之等數與其政治注政治邦新殺禮之屬 釋曰此經與下文爲揔目其事並在下文云政治邦新殺禮之屬者下文云新國則殺禮殺禮類多故云之屬以通之 王合諸侯而饗禮則具十有二牢庶具百物備諸侯長十有再獻注饗諸侯而用王禮之數者以公侯伯子男盡在是兼饗之莫敵用也諸侯長九命作伯者也獻公侯以下如其命數 釋曰云王禮之數者則十二牢是故哀七年吳來徵百牢魯使子服景伯對曰周之王也制禮上

物不過十二以爲天之大數也上公以九爲節則十二者是王禮之數也云以公侯伯子男盡在是兼饗之者以經云合則時會殷同是盡在於是兼饗故用十二牢也云莫敵用也者若單饗一國即有賓主之敵則單用大牢今兼饗諸侯無一一相敵故云莫敵用也若曲禮云大饗不問卜鄭云莫適卜也彼亦非一帝摠饗五帝莫適卜也云諸侯長九命作伯者也者大宗伯云九命作伯注云上公有功德者加命爲二伯云獻公侯以下如其命數者大行人云上公饗禮九獻侯伯七獻子男五獻是也

王巡守殷國則國君膳以牲犢令百官百牲皆具從者三公眡上公之禮卿眡侯伯之禮大夫眡子男之禮士眡諸侯之卿禮庶子壹眡其大夫之禮釋曰王巡守則殷同殷同則殷

國也王巡守至於四岳之下當方諸侯或所在經過或互
方岳之下若䢼國或在王城出畿外在諸侯之國所在之
處皆設禮待王故巡守䢼國並言也云則國君膳以牲犢
者膳亦謂䢼膳特也云令百官百牲皆具者此文與下為
目百官即三公已下是也云三公者明上公已下及侯伯
子男禮備於大行人及掌客諸侯之卿及諸侯大夫禮亦
備於聘禮及國君者王所過之國君也犢繭栗之犢也
公食大夫也注以膳天子貴誠也牲孕天子不食也祭帝
不用也凡賓客則皆角尺令者掌客令主國也百牲皆具
言無有不具備 釋曰云國君者王所過之國君也者鄭
偏舉一邊而言所在亦須共待云犢繭栗之犢也者王制
云天地之牛角繭栗郊特牲云天子適諸侯諸侯膳用犢
謂䢼膳特特與祭天之牲同用犢則天子繭栗可知也云
以膳天子貴誠也牲孕不食也祭帝不用也者皆郊特牲
文言此者見天子牲與天同貴誠慤故用繭栗也云凡賓
客則皆角尺者亦王制文云令者掌客令主國也者以其

掌客掌諸侯已下牢禮故知掌客令也　凡諸侯之禮上公五積皆眡
飧牽三問皆脩羣介行人宰史皆有牢飧
五牢食四十簠十豆四十鉶四十有二壺四十
鼎簋十有二牲三十有六皆陳饔餼九牢
其死牢如飧之陳牽四牢米百有二十筥
醯醢百有二十罋車皆陳車米眡生牢
牢十車車秉有五籔車禾眡死牢牢十
車車三秅芻薪倍禾皆陳乘禽日九十

雙殺膳大牢以及歸三饗三食三燕若弗
酌則以幣致之凡介行人宰史皆有飧饔
餼以其爵等爲之牢禮之陳數唯上介有禽
獻夫人致禮八壺八豆八籩膳大牢致饗大牢食
大牢卿皆見以羔膳大牢侯伯四積皆眡飧
牽再問皆脩飧四牢食三十有二簠八豆
三十有二鉶二十有八壺三十有二鼎簋
十有二腥二十有七皆陳饔餼七牢其死

牢如飧之陳牽三牢米百筥醯醢百甕
皆陳米三十車禾四十車芻薪倍禾皆
陳乘禽日七十雙殷膳大牢三饗再食
再燕凡介行人宰史皆有飧饔餼以其
爵等爲之禮唯上介有禽獻夫人致禮
八壺八豆八籩膳大牢致饗大牢卿皆見
以羔膳特牛子男三積皆眡飧牽壹問
以脩飧三牢食二十有四簠六豆二十有

四鉶十有八壺二十有四鼎簋十有二牲十有八皆陳饔餼五牢其死牢如飧之陳牽二牢米八十筥醯醢八十罋皆陳米二十車禾三十車芻薪倍禾皆陳乘禽日五十雙壹饗壹食壹燕凡介行人宰史皆有飧饔餼以其爵等爲之禮唯上介有禽獻夫人致禮六壺六豆六籩膳眡致饗親見卿皆膳特牛注積皆視飧牽謂所共如飧而牽牲以往不殺也不殺則無鉶鼎簠簋之實其米實于筐豆實實

于饔其設筐陳于楹內饔陳于楹外牢陳于門西車米禾
芻薪陳于門外壺之有無未聞三問皆脩脩脯也上公三
問皆脩下句去羣介行人宰史皆有牢君用脩而臣有牢
非禮也蓋著脫字失與且誤耳飧客始至致小禮也公侯
伯子男飧皆餼一牢其餘牢則腥食者其庶羞美可食者
也其設蓋陳于楹外東西不過四列簠稻粱器也公十簠
堂上六西夾東夾各二也侯伯八簠堂上四西夾東夾各
二子男六簠堂上二西夾東夾各二豆菹醢器也公四十
豆堂上十六西夾東夾各十二侯伯三十二豆堂上十二
西夾東夾各十子男二十四豆堂上十二西夾東夾各六
禮器曰天子之豆二十有六諸公十有六諸侯十有二上
大夫八下大夫六以聘禮差之則堂上之數與此同鉶羹
器也公鉶四十二侯伯二十八子男十八非衰差也二十
八書或爲二十四亦非也其於衰公又當三十於言又爲
無施禮之大數鉶少於豆推其衰公鉶四十二宜爲三十
八蓋近之矣則公鉶堂上十八西夾東夾各十侯伯堂

十二西夾東夾各八子男堂上十西夾東夾各四壹酒器
也其設於堂夾如豆之數鼎牲器也簋黍稷器也鼎十有
二簋餅一牢正鼎九與陪鼎三皆設于西階前簋十二者
堂上八西夾東夾各二合言鼎簋者牲與黍稷俱食之主
也牲當爲腥聲之誤也腥謂腥鼎也於侯伯云腥二十有
七其故腥字也諸侯禮盛腥鼎有鮮魚鮮腊每牢皆九爲
列設于阼階前公腥鼎三十六腥四牢也侯伯腥鼎二十
七腥三牢也子男腥鼎十八腥二牢也皆陳陳列也飧門
內之實備于是矣亦有車米禾芻薪公飧五牢米二十車
禾三十車侯伯四牢米禾皆二十車子男三牢米十車禾
二十車芻薪皆倍其禾饔餼既相見致大禮也大者既兼
飧積有生有腥有孰餘又多也死牢如飧之陳亦餁一牢
在西餘腥在東也牽生牢也陳于門西如積也米橫陳于
中庭十爲列每筥半斛公侯伯子男黍粱稻皆二行公稷
六行侯伯稷四行子男二行醯醢夾碑從陳亦十爲列醯
在碑東醢在碑西皆陳於門內者於公門內之陳也言車

耆衍字耳車米載米之車也聘禮曰十斗曰斛十六斗曰
藪十藪曰秉每車秉有五藪則二十四斛也禾稾實并刈
者也聘禮曰四秉曰筥十筥曰稯十稯曰秅每車三秅則
三十稯也稯猶束也米禾之秉筥字同數異禾之秉手把
耳筥讀爲棟梠之梠謂一穧也皆陳横陳門外者也米在
門東禾在門西芻薪雖取數于禾薪從米芻從禾也乗禽
乗行羣處之禽謂雉鴈之屬於禮以雙爲數䝨中也中又
致膳示念賔也昔弗酌謂君有故不親饗食燕也不饗則
以酬幣致之不食則以侑幣致之凡介行人宰史衆臣從
賔者也行人主禮宰主具史主書皆有飧饔餼尊其君以
及其臣也以其爵等爲之牢禮之數陳爵卿也則飧二牢
饔餼五牢大夫也則飧大牢饔餼三牢士也則飧少牢饔
餼大牢也此降小禮豐大禮也以命數則參差難等略於
臣用爵而已夫人致禮助君養賔也薦籩豆陳于户東壺陳
于東序凡夫人之禮皆使下大夫致之於子男云膳視致
饗言夫人致膳於小國君以致饗之禮則是不復饗也饗

有壺酒卿皆見者見于賓也旣見之又膳之亦所以助君
養賓也卿見又膳此聘禮卿大夫勞賓饔賓之類與於子
男云親見卿皆膳特牛見讀如卿皆見之見言卿於小國
之君有不故造館見者故造館見者乃致膳鄭司農說牽云
牲可牽行者也故春秋傳曰餼牽竭矣秏讀爲秏稀麻
荅之秏　釋曰云凡諸侯之禮者此一句與下爲惣目也
此一經並是諸侯自相朝主國待賓之禮若然天子掌客
不見天子待諸侯之禮而見諸侯自相待者天子掌客自
掌天子禮則諸侯相待之禮無由得見今以天子之官輙
見諸侯自相待以外包內天子待諸侯亦同諸侯自相待
可知是以見諸侯相待之法也云上公五積皆眡飧牽者
公國自相朝是上公待上公之禮有五積皆視飧一積眡
一飧飧五牢五積則二十五牢言牽者數雖眡飧飧則殺
積全不殺並生致之故云牽侯伯四積亦皆眡飧牽飧四
牢一積眡一飧則一積四牢揔十六牢亦牽不殺子男三
積積亦眡飧飧三牢一積三牢三積九牢亦牽之不殺也

[illegible]掌客之不殺者以其在道分置豫往故不殺之客至自殺
也飧云眡飧飧則有芻薪米禾之等故鄭解積皆依飧解
之也云不殺則無鉶鼎者鉶鼎鼎即陪鼎是也但殺乃有鉶
鼎不殺則無鉶鼎可知侯伯子男皆然鄭云簠簋之實已
下皆約公食大夫親食則有簠簋之實已下皆飪在俎若
不親食使大夫各以其爵朝服以侑幣致之則生往今積
[illegible]不殺與公食之致同故鄭皆約公食大夫解之也云其
設饎陳于楹內者彼云簠實實于筐陳于楹內兩楹間二
以並南陳云甕陳于楹外者彼云豆實實于甕陳于楹外
二以並北陳云牢陳于門西者彼云牛羊豕陳于門內西
方東上是鄭約依公食大夫之文也云車米禾芻薪陳于
門外者此約聘禮致饔餼之文彼云米三十車設于門東
爲三列東陳禾三[illegible]車設于門西西陳薪芻倍禾注云薪
從米芻從禾是其[illegible]也侯伯子男積之簠豆米禾薪芻等
陳列亦與此同也云壺[illegible]無未聞者以其酒不可生致
故云未聞云三問皆脩羣介行人宰史皆有牢者鄭云三

問肯脩脩膴也對文脩是鍛脩加薑桂棰之者脯乾肉薄者散文脩脯一也云上公三問皆脩下句云羣介行人宰史皆有牢君用脩而臣有牢非禮也者言非禮旨君尊用脩臣卑用牢故云非禮云蓋著脫字失處案下文凡介行人宰史皆在饗食燕下此特在上有人見下文脫此語錯著著於此更有人於下著訖此剩下去故云蓋著脫字失處也云且誤耳者下文皆云凡介此云羣介故云且誤耳云飧客始至致小禮也者案聘禮大夫帥至館卿致館即云宰夫朝服設飧是其客始至之禮言小禮者對饔餼爲大禮也云公侯伯子男飧皆飪一牢其餘牢則腥者鄭言此者下惟言腥不言飪此有鉶及鼎皆爲飪一牢而言以是經雖不言飪須言飪之矣云其餘牢則腥腥之數備於下也云食者其庶羞美可食者也其設蓋陳于楹外東西不過四列者前所陳皆納公食大夫致食之禮今案公食若不親食庶羞陳于碑內者設飧之時堂上皆有正饌無容庶羞之處楹外既空不須向碑內及堂下故疑在楹外

陳之十以爲列故四列也公食陳于碑内者由饔陳于楹
外故在下也必知爲四列見公食云庶羞東西不過四列
故知也云簠稻粱器也者見公食大夫簠盛稻粱云公十
簠堂上六西夾東夾各二也侯伯八簠堂上四西夾東夾
各二子男六簠堂上二西夾東夾各二鄭知此者見聘禮
致饔餼堂上二簠東西各二簠今此公十侯伯八子男六
禮之道列堂上之數與東西夾之數堂上不多則等鄭遂
以意裁之五等東西夾各二以外置於堂上故云公六侯
伯四子男一也聘禮設飧鄭約致饔餼今亦約致饔餼也
但聘禮設飧云西夾六無東夾之饌者蓋降於君禮故也
云豆菹醢器也者見公食大夫及特牲少牢豆皆以豆盛
菹醢故知也云公四十豆堂上十六至各六鄭以堂上豆
數取聘禮致饔餼於上大夫八豆下大夫六豆並是堂上
豆數又取禮器天子之豆二十有六諸公十有六諸侯十
有二謂侯伯子男同則亦是堂上豆數可知以此文公言
四十明十六在堂上餘二十四豆分之於東西夾此侯伯

言三十二亦以十二爲堂上豆數餘二十分於東西夾各十此子男去二十四以十二爲堂上豆數其餘十二分爲東西夾各六其堂上豆數旣約聘禮與禮器東西多少鄭以意差之可知故云以聘禮差之則堂上豆數與此同也云鉶羹器也者鉶器名鉶器所以盛膷臐膮三等之羹故爲鉶羹云公鉶四十二侯伯二十八子男十八非襃差也者襃差之法上下節級似若九若七若五校一節是襃差今公四十二侯伯二十八子男十八公於侯伯子男大縣絕故云非襃差也云二十八書或爲二十四亦非也者侯伯若二十四爲比公四十二校十八又以二十四比子男十八校六亦非其類故云亦非也云其於襃公又當三十於言又爲無施者爲三十亦非襃法以其無所倚就故云無所施也云禮之大數鉶少於豆者案侯伯豆三十二鉶二十八子男豆二十四鉶十八是鉶少豆多公食大夫豆六鉶四是其鉶少於豆也云推其襃公鉶四十二宜爲三十八蓋近之矣者子男十八侯伯二十八公三十八以十

爲降殺是其差也言蓋者無正文故疑而生蓋也云公鉶
堂上十八西夾東夾各十侯伯堂上十二西夾東夾各八
子男堂上十西夾東夾各四知如此差者亦約聘禮致饔
餼兼以意準量而言云壺酒器也者司尊彝有兩壺尊春
秋傳云尊以魯壺皆以壺爲酒尊也此所設亦約聘禮但
彼堂上八壺東西夾各六壺此壺與豆數同四十故云其
設於堂夾如豆之數也云鼎牲器也者謂亨牲體之器云
簋黍稷器也者鼎十有二者飪一牢正鼎九與陪鼎三皆
設于西階前者其陪鼎三設于內廉云簋十二者堂上八
西夾東夾各二知設如此者約聘禮而知之也牢鼎九者
謂牛羊豕魚腊膚與腸胃鮮魚鮮腊陪鼎三者膷臐膮也
云合言鼎簋者牲與黍稷俱食之主也者黍稷與衆饌爲
主牲與羞物爲主是俱得爲食之主也此五等諸侯同簋
十二案聘禮致饔餼堂上八簋東西夾各六簋揔二十簋
彼臣多此君少者禮有損之而益故也云牲當爲腥聲之
誤也腥謂腥鼎也於侯伯云腥二十有七其故腥字也者

子男亦云牲十八是亦當爲腥聲之誤也云諸侯禮盛腥鼎有鮮魚鮮腊每牢皆九爲列設於阼階前者此皆約聘禮設飧而言案彼飪一牢在西鼎九羞鼎三腥一牢在東鼎七致饔餼云腥二牢鼎二七無鮮魚鮮腊設于阼階前西面陳如飪鼎二列此云三十六故知有鮮魚鮮腊也云飧門内之實備于是矣者鄭言此者欲見門内既備仍有車米之等也是以云亦有車米禾芻薪也云公飧五牢米二十車禾三十車已下皆約饔餼死牢而言以其饔餼云死牢如飧之陳上公五牢死侯伯四牢死子男三牢死皆如飧之陳明此米禾數如此云芻薪皆倍其禾者亦約饔餼禮也若然案聘禮米禾皆二十車者彼大夫禮豐小禮大夫飧二牢故米禾皆眂之米禾各二十車也云饔餼既相見致大禮也者知既相見所致者案聘禮記云聘日致饔鄭云急歸大禮是既相見致大禮也云大者既兼飧積有生有腥有孰餘又多也者假令上公饔餼九牢五牢死四牢牽上公五積皆眂飧牽則是一積五牢言兼飧死五

牢與飧同言兼積者則兼不盡正兼四耳言兼積者以其
牽與積同故云兼之也侯伯子男皆兼積不盡言餘又多
者謂米禾芻薪醯醢芻米之屬云死牢如飧之陳者亦飪
一牢在西餘腥在東也者約聘禮知之也云牽生牢也陳
于門西如積者亦横陳于門西而東上云米横陳于中庭
十爲列每筥半斛知然者前飧之陳及積之陳皆約聘禮
致饔餼法今於此文積在前已說故以此饔餼向前如之
故云如積也言如積則亦如聘禮饔餼也今此自米已下
還約聘禮致饔餼法云公侯伯子男黍粱稻皆二行公稷
六行侯伯稷四行子男稷二行者彼云米百筥筥半斛設
于中庭十以爲列北上黍粱稻皆二行稷四行此以增稷
餘不增故知公稷六行子男案八筥黍粱稻各二行更得
二即足故知稷二行云醯醢夾碑從陳亦十爲列醯在碑
東醢在碑西者彼注云夾碑在庭之中央也醯在東醯穀
陽也醢肉陰也言夾碑故知從陳然侯伯醯醢百甕米百
筥上介筥及甕如上賓士介四人米百筥比數多于子男

與侯伯等者上公醯醢百二十甕與王皋百二十甕同故
鄭志云此公乃二王後如是王之上公與侯伯俱同百甕
子男八十甕其筥米皆同甕數此是尊卑之差至於聘禮
乃是臣法自爲一禮不相與亦是損之而益云於公門内
之陳也言車衍字耳者言車載米之車不合在醯醢下言
之又案侯伯子男醯醢下皆無車字故知衍字也云車米
載米之車也聘禮曰十斗曰斛十六斗曰籔十籔曰秉每
車秉有五籔則二十四斛也禾稾實并刈者也者聘禮記
文云筥讀爲棟梠之梠謂一稯也者時有棟梠之言故讀
從之亦曰一稯稯即詩云此有不斂稯稯即鋪也云皆橫
陳門外者也米在門東禾在門西者皆約聘禮致饔餼法
云芻薪雖取數於禾已下鄭以義言也云乘禽乘行羣處
之禽謂雉鴈之屬者此禽謂兩足而羽者不兼四足而毛
故云雉鴈以其兼有鵝鶩之等故云之屬是以大宗伯以
禽作六摯有雉鴈雞鶩之等也云於禮以雙爲數者即此
九十五十及士中日則二雙皆以雙爲數是也云殷中也

中又致膳示念賓也者此爲牢禮之外見賓中間未去恐
賓厭主人有倦更致此爵所以示念賓之意無倦也云若
弗酌謂君有故不親饗食燕也不饗則以酬幣致之不食
則以侑幣致之者此皆約聘禮文不言致燕者饗食在廟
燕在寢禮惟言致饗食者以合在廟嚴凝之事不親即須
致之燕禮褻不親酌基不致也云凡介行人鄭云行人主
禮宰主具史主書者案王制云大史典禮執簡記大史職
亦云執其禮事與此史主書行人主禮違者大史在國則
專主書故曲禮云史載筆士載言此云史止謂大史之屬
官以其言爵等故知也云行人主禮者主賓客之禮大行
人之類是宰賓禮也案聘禮云史讀書宰執書告備具于
君又掌餼具故公食大夫云宰夫具饌于房是掌具也云
爵卿也則飧二牢饔餼五牢已下皆約聘禮賓之卿上介
之大夫士介四人歸饔餼降殺而言也云此降小禮豐大
禮也者小禮謂飧飧則去君[illegible]并羞禽之等皆是小禮
也大禮謂饔餼卿五牢子男卿與君等是豐大禮也云以

命數則參差難等略於臣用爵而已者依命公侯伯卿三
命大夫再命士一命子男卿再命大夫一命士不命并有
大國孤一人四命是從孤已下通一命不命有五等若以
此命數五等為之則參差難可等級略於臣用爵而已爵
命即諸侯爵五等命惟三等大行人掌客皆依命是也云
則有三等者易為等級也言略於臣用爵則君不依爵而用
夫人致禮助君養賓也籩豆陳于戶東壺陳于東序至下
大夫致之知義然者見聘禮致饔餼下大夫韋弁歸禮堂
上籩豆設於戶東東上亦以並東陳注設於戶東辟饌位
壺設于東序北上南陳醙黍清皆兩壺約此故知之也若
然不使卿者案內宰云致后之賓客之禮注謂之諸侯朝
覲及女賓之賓客亦內宰是下大夫王后尚使下大夫況
諸侯夫人乎故知使下大夫也云於子男云膳視致饗言
夫人致膳於小國君以致饗之禮則是不復饗也饗有壺
酒者公侯伯夫人致禮則云八壺八豆八籩與膳大牢致
饗大牢三者各別於子男夫人則云膳視致饗鄭云饗有

壺酒則致膳無酒矣故云饗有酒若然子男夫人於諸侯
惟有二禮矣聘禮夫人於聘大夫直有籩豆壺又不致饗
是其差也卿皆見者見于賓也既見之又膳之亦所以助
君養賓也者言亦者亦大夫也云卿既見又膳此聘禮大
夫勞賓饎賓之類與者案聘禮聘畢賓即館卿大夫勞賓
賓不見大夫奠鴈再拜上介受注云不言卿卿與大夫同
執鴈下見於國君周禮凡諸侯之卿見朝君皆執羔勞上
介亦如之又云饎賓大牢米八筐上介亦如之此朝君有
膳無勞饎聘客有勞饎無膳明此事相當故云勞賓饎賓
之類與約同之故云與以疑之云於子男云親見卿皆膳
特牛見讀如卿皆見之見者上公侯伯直云卿皆見以羔
於子男即云親見卿作文有異此言親見卿似朝君親自
來見卿有此嫌故讀從上文卿皆見以兼之明此見亦是
往見朝君三卿之内有見者有不見者若故造館見則致
膳若不故造館見則不致膳是以鄭云言卿於小國之君
有不故造館見者故造館見者乃致膳也先鄭說牽云牲

可牽行者也故春秋傳曰餼牽竭矣者案僖三十二年左氏傳云杞子自鄭告于秦曰鄭人使我掌其北門之管若潛師以來國可得也秦師將至鄭鄭人知之使皇武子辭焉吾子淹久於敝邑惟是脯資餼牽竭矣注餼死牢牽生牢引之證牽亦生牢未殺者也云秅讀爲秅稀麻荅之秅者時有秅稀麻荅之言故讀從之秅是束之捴名如詩云萬億及秭秭亦數之捴號荅是鋪名刈麻者數把共爲一鋪言此者見秅爲束之捴號之意也

凡諸侯之卿大夫士爲國客則如其介之禮以待之

注言其特來聘問待之禮如其爲介時也然則聘禮凡所以禮賓是亦禮介 釋曰前文云凡介行人宰史是從君之法今言此者見不從君而特來聘問者亦有三等之爵爵卿也爵大夫也爵士也若大聘曰聘卿爲賓大夫爲上介士爲衆介小聘曰問大夫爲賓介皆士也故歷言卿大夫也云待之禮如其爲介之時者則前注爵卿已下是也

云然則聘禮凡所以禮賓是亦禮介者此即聘禮致饔餼之時賓與上介衆介皆別行於館者是也 凡禮賓客國新殺禮凶荒殺禮札喪殺禮禍裁殺禮在野在外殺禮 注皆爲國省用愛費也國新新建國也凶荒無年也禍裁新有兵寇水火也 釋曰云國新新建國也者謂若刑新國用輕典鄭云新辟地立君之國故云新建國也云凶荒無年也者此則曲禮云歲凶年穀不登者也云禍災者兵寇來侵爲禍水火來害爲災也云在野在外殺禮者以其野外忽遽禮物不可卒備故亦殺之 凡賓客死致禮以喪用 注死則主人爲之具而殯矣喪用者饋奠之物 釋曰若諸侯之君出行則以三年之戒以椑從死時除棺之外主人皆借之若臣從者死棺物皆共之云死則主人爲之具而殯矣者此乃在館權殯遂日以柩行知者聘賓死以柩造朝是也云喪

用者饋奠之物者小斂特豚
鼎大斂特豚三鼎之類是也 賓客有喪唯芻稍
之受 注不受饗食饗食加也喪謂父母死也客則又有
君焉芻給牛馬稍人稟也其正禮飧饔餼主人致
之則受 釋曰上文賓客身死此文據爲賓客聘至彼國
後有喪來告者云唯芻稍之受者君行師從卿行旅從須
得資給故受芻稍也云不受饗食饗食加也者二者並速
賓於廟飲食之事故自爲而不受之聘禮亦云聘君若薨
于後入境則遂受禮注云受饔餼也不受饗食云喪謂父
母死也者據正賓而言若諸侯正應母死而有父者或始
封之君舊爲卿大夫容有父或父有廢疾不立已受位於
祖亦云有父也云客則又有君焉者謂介已下非直有父
母又有君喪以其俱三年故聘禮若有私喪則哭于館衰
而居云芻給牛馬者從行之牛馬云稍人稟也者師從旅
從者須給稍即月稟是也飧饔餼主人致之則受 遭主
者以正禮故受之若饗食加主人致之亦不受也

國之喪不受饗食受牲禮 注牲亦當爲腥聲之誤也有喪不忍煎亨正禮飧饔餼當執者腥致之也 釋曰牲亦當爲腥者亦上文公與子男腥三十有六當爲腥是也主人有喪不忍煎亨腥致之也案聘禮聘遭喪入境則遂也注云遭喪主國君薨也主人畢歸禮注云賓所飲食不可廢也禮謂饔餼饗食賓惟饔餼之受注云受正不受加饗食雖主人歸賓賓不受其加若饗主人致之亦應受以其正受腥禮

掌訝掌邦國之等籍以待賓客 注等九儀之差數 釋曰九儀之差數即大行人命者五爵者四以九以七以五爲差數是也 若將有國賓客至則戒官脩委積與士逆賓于疆爲前驅而入 注官謂牛人羊人舍人委人之屬士訝士也既戒乃出迎賓 釋曰云國賓客至者謂五等諸

侯及其臣來朝聘至謂入畿內至廬宿市當共待之以委積有牛羊豕米禾芻薪之等故知戒官者謂牛人已下也舍人掌給米稟委人掌芻薪之委布於道遺人道上十里有廬廬有飲食三十里有宿宿有委五十里有市市有積之等是也

及宿則令聚欜 注令令野廬氏 釋曰知令野廬氏其職云有賓客令其地之民聚欜之故知也

及委則致積 注以王命致于賓 釋曰凡致禮于賓無非王命故知以王命

至于國賓入館次于舍門外待事于客 注次如今官府門外更衣處待事于客通其所求索 釋曰賓客至王使卿致館掌訝既爲賓客前驅入館掌訝次止于舍門外待事于客于次如今官府門外更衣處舉漢法以況之即今門外亦然

及將幣爲前驅 注道之以如朝 釋曰將幣謂至行朝聘之日道之以如朝謂至大門外之朝也

至于朝詔其位

入復及退亦如之 注鄭司農云詔其位告客以其位處也入復客入則掌訝出復其故位也客退復入迎爲之前驅至于館也玄謂入復者入告王以客至也退亦如之如其爲前驅 釋曰解諸侯外朝之法有二稱解之或解取閔公傳季友將生閒于兩社爲公室輔注云兩社周社亳社此二社在大門內內門外既云兩社爲公室輔則外朝所在也或解以爲聘禮聘賔在外卒以柩造朝柩不可入公門造朝朝在大門外可知是其兩解不同驗此文云于朝者即是大門外陳擯介之處言朝即外朝在大門外於義可矣云詔其位者謂告賔門外立位云入復者復白也白王賔已至位云及退亦如之者賔客行朝聘訖出還館謂之退亦如前與之道至館先鄭以入復爲掌訝詔客自復已之故位後鄭不從以入復爲入白王於義爲允也 凡賔客之治令訝訝治之 注賔客之治謂欲正其貢賦理國事也以告訝訝爲如朝而理之 釋曰

但諸侯之理其事衆多鄭以貢賦爲主兼有理國事以該之 凡從者出則使人道之注從者凡介以下也人其屬胥徒也使道賓客之從者營護之 釋曰從者凡介以下也者上掌客凡介行人宰史從賓客來者皆是從者也知人是其屬胥徒也者訝士即下士下士使人明使在下胥徒之等故知胥徒也云營護之者使不得侵陵從者也 及歸送亦如之 注如之者送至於竟如其前驅聚欜待事之屬 釋曰來時訝爲之道今歸又爲之道及聚欜待事皆如前故云亦如之 凡賓客諸侯有卿訝卿有大夫訝大夫有士訝士皆有訝 注此謂朝覲聘問之日王所使迎賓客于館之訝 釋曰此訝是諸侯朝覲卿大夫士聘問之日訝之入至朝聘之時案聘禮記云卿訝卿大夫訝大夫士訝士皆有訝賓即館訝將公命注云使已還待之命又見之以其

摯注云訝將舍於館之外宜相親也聘問之日亦使之訝
者但天子有掌訝之官即館之訝餘事皆掌之惟朝覲
聘問之日使卿大夫訝諸侯兼官故大夫士
爲訝賓即館時即爲之訝與此掌訝不同也

凡訝者賓客至而往詔相其事而掌其治令

掌交掌以節與幣巡邦國之諸侯及其萬民之所聚者道王之德意志慮使咸知王之好惡辟行之

注節以爲行信幣以見諸侯也
咸皆也辟讀如辟忌之辟使皆
知王之所好者而行之知王所惡者辟而不爲　釋曰案
序官掌交中士八人今言掌以節與幣巡邦國之諸侯及
萬民之所聚者道王之德意志慮使咸知之者天下九州
千六百餘國使皆周徧必無偏理今言之者蓋是國有不

和洽者徧使之知也使和諸侯之好注有欲相與脩好者則爲和合之　釋曰下有結其交好爲朝聘則此好謂使爲婚姻之好也是以鄭云有欲脩好者則爲和合之達萬民之說注說所喜也達者達之于王若其國君　釋曰掌交既巡民間見民有喜說之事王與國君未知掌交通達于王及國君也掌邦國之通事而結其交好注通事謂朝覲聘問也　釋曰言拜國通事是兩國交通之事惟有君臣朝覲聘問之事結使交好故以朝覲聘問解則易云先王建萬國親諸侯也以諭九稅之利九禮之親九牧之維九禁之難九戎之威注諭告曉也九稅所稅民九職也九禮九儀之禮九牧九州之牧九禁九法之禁九戎九伐之戎　釋曰云九稅所稅民九職也者大宰云以九職任萬民既任之使之營種因即稅之三農

生九穀稅九穀園圃毓草木稅草木九稅唯臣妾聚斂蔬材者無稅揔言九稅耳今掌交還以此九稅之法告曉使之任之稅之故云九稅所稅民九職也云九禮九儀之禮者以其大行人小行人掌訝皆掌九儀之禮以其專據諸侯國不得以大宗伯九儀解此也言之親則朝聘是也云九牧之維者大司馬九法建牧立監以維邦國故云維九禁之難者大司馬設九法使邦國有所畏難去九戎之威者大司馬設九伐有所威刑故言難言威也

掌察 闕

掌貨賄 闕

朝大夫掌都家之國治 釋曰都家同言國者雖有百里五十里二十五里不同皆謂之國此則王制云畿內九十三國都家者也云國治者都家有文書來者平理之也 注王子

弟公卿及大夫之采地也主其國治者平理其來文書於朝者 釋曰王子弟亦以親疏分置於三處食采地公卿大夫者公百里任疆地卿五十里任縣地大夫五十里任稍地 日朝以聽國事故以告其君長 注國事故天子之事當施於都家者也告其君長使知而行之也君謂其國君長其卿大夫也 釋曰云日朝者朝大夫日日在朝以聽受國事故天子之事以告采地之君長也云君謂其國君長其卿大夫也者摠而言之皆曰國治別而言之惟三公及王子弟得稱國君卿大夫摠稱長是以司裘國君共熊侯豹侯卿大夫共麋侯是其別稱也 國有政令則令其朝大夫 注使以告其都家之吏 釋曰上文據天子國事遣朝大夫告君長此經據天子政令告朝大夫之事 凡都家之治於國者必因其朝大夫然後聽之唯

大事弗因注謂以小事文書來者朝大夫先平理之乃以告有司也大事者非朝大夫所能平理　釋曰此經據都家有事上諸王府之事凡都家之治有不及者則誅其朝大夫注不及謂有稽殿之　釋曰都家治有不及稽殿誅朝大夫者以其朝大夫專主都家責其不能催促故也在軍旅則誅其有司注有司都司馬家司馬　釋曰言此者見軍旅不干朝大夫之事都司馬王家之司馬王臣爲之者家司馬卿大夫使家臣自置其司馬者也謂言闕者皆是因秦燔滅典籍漢興購求不得也

都則闕

都士闕

家士 闕

周禮疏卷第四十五

周禮疏卷第四十六

唐朝散大夫行大學博士弘文館學士臣賈公彦等撰

冬官考工記第六

釋曰鄭目録云象冬所立官也是官名司空者冬閉藏萬物天子立司空使掌邦事亦所以富充家使民無空者也司空之篇亡漢興購求千金不得此前世識其事者記録以備大數古周禮六篇畢矣古周禮六篇者天子所專秉以治天下諸侯不得用焉六官之記可見者堯育重黎之後羲和及其仲叔四子掌天地四時夏書亦云乃召六卿商周雖稍增改其職名六官之數則同矣　釋曰鄭義既然今案漢書藝文志云經禮三百威儀三千及周之衰諸侯將踰法度惡其害己皆滅去其籍孔子時而多不具故鄭注鄉飲酒云後世衰微幽厲尤甚禮樂之書稍稍廢棄孔子曰吾自衛反魯然後樂正雅頌各得其所謂當時在者而

復重雜亂者也惡能存其云者乎以此觀之冬官一篇其亡已久有人遵集舊典錄此三十工以爲考工記雖不知其人又不知作在何日要知在於秦前是以得遭秦焚滅典籍韋氏裘氏等闕也故鄭云前世識其事者記錄以備大數耳此記人所爲雖不同周禮體例亦爲序致首末相承總有七段明義從國有六職至謂之婦工言百工事重在六職之內也從越無鎛至夫人而能爲弓車言四國皆能其事不須置國工也從知者創物至此皆聖人所作言聖人創物之意也從天有時至此天時也言材雖美工又有巧不得天時則不良也從攻木之工至陶瓬言工之多少之數及工別所宜也從有虞氏至周人上輿論四代所尚不同之事也從一器而工聚者車爲多言專據周家所尚之事也

國有六職百工與居一焉 釋曰此經與下文爲總目云國有六職者

謂國家之事有六種職掌就六職之中百工與居其一
分六職印下云或坐而論道至治絲麻以成之是也

注 百工司空事官之屬於天地四時之職亦處其一也
司空掌營城郭建都邑立社稷宗廟造宮室車服器
械監百工者唐虞已上曰共工 釋曰云百工司空事官
之屬者鄭據本而言案小宰職云六曰冬官其屬六十掌
邦事此百工即其屬六十言百者舉大數耳但為其篇亡
故六十之官不見記人以此三十工代之也言百即據全
則三十工亦一也云於天地四時之職亦處其一也者記
人本意以國有六職據此下文或坐而論道已下百工與
居其一鄭以此為本又以天地四時六職天官冢宰地官
司徒之等官主百工亦居其一分云司空掌營城郭已下
並此下文見有其事案匠人云營國方九里國中九緯城
隅之等是營城郭都城之制及井方一里之等是營都邑
左祖右社是營社稷宗廟夏后氏世室殷人重屋之等是
營宮室也車人云羊車柏車是營車也繪畫之事是營服

也梓人陶人之等是營禮樂之器也冶氏矢人弓人之等是營械械即兵器也故鄭依而言之也云監百工者唐虞以上曰共工者案大史公楚世家云共工作亂帝使重黎誅之又案舜典云帝曰疇若予工僉曰垂哉帝曰俞咨垂汝共工是唐虞已上曰共工者也若然唐虞以上皆曰共工堯時曹爲司空是以尚書舜典二十八載後咨四岳欲置百揆僉曰伯禹作司空注云初堯冬官爲共工舜舉禹治水堯知有強法必有成功改命司空以官異之禹登百揆後更名共工是其事也

或坐而論道或作而行之或審曲面埶以飭五材以辨民器或通四方之珍異以資之或飭力以長地財或治絲麻以成之

釋曰此六者即上文之六職也此皆舉其事下文皆言其人以覆之

注 言人德能事業之不同者也論道謂謀慮

治國之政令也作起也辨猶具也資取也操也鄭司農云審曲面埶審察五材曲直方面形埶之宜以治之及陰陽之面皆是也春秋傳曰天生五材民並用之謂金木水火土也故書資作齊杜子春云齊當爲資讀如冬資絺之資玄謂此五材金木皮玉土　釋曰言人德者坐而論道是也言人能者作而行之是也言人之事審曲面勢是也言人之業通四方珍異飭力以長地財治絲麻以成之三者是也云論道謂謀慮治國之政令此即尚書成王周官云立太師太傅太保茲惟三公論道經邦燮理陰陽是謀慮治國之政令使陰陽順叙也先鄭云審曲面勢審察五材曲直方面形勢之宜以治之者謂若弓人夾弓庾弓往體多來體寡利射侯與弋鄭云射遠者用勢若王弓弧弓往體寡來體多之類皆是審察五材曲直方面形勢之宜也云及陰陽之面皆是也者謂若下云斬轂之道必矩其陰陽是記其陰陽之面者也云春秋傳曰左氏襄二十七年宋西門之盟欲弭諸侯之兵云天生五材民並用之廢一

不可先鄭以五材金木水火土後鄭不從子春以資讀如冬資絺之資案越語云句踐會稽之上乃號令三軍有助寡人謀而退吳者吾與共知越國之政大夫種進對曰臣聞之賈人夏則資皮冬則資絺旱則資舟水則資車以待之夫雖無四方之憂然謀臣與爪牙之士不可不養令王既棲會稽之上然後乃求謀臣無乃後乎是其事也玄謂此五材金木皮玉土者言此以對彼之五材金木水火土若然鄭知有皮于無水火者以百工定造器物之人水火單用不得爲器物故不取之知有皮玉者此三十工內函人爲甲韗人爲皐陶造鼓鮑人主治皮又有玉人之等故知有皮玉無水火者也

坐而論道謂之王公注天子諸侯釋曰以公爲諸侯者公君也諸侯是南面之君故知是諸侯也若然尚書三公云論道經邦燮理陰陽鄭不言者三公有成文不言可知故夏傳注云坐而論道謂之王公達職民無正官名是其義也

作而行之謂之士大

夫注親受其職居其官也釋曰此即設官分職治職教職之等是也審曲面埶以飭五材以辨民器謂之百工釋曰審察之名用材之法皆須察審其曲直形勢然後飭五材注五材各有工言百衆言之也釋曰案六官其屬止有六十五材各有工不過六十而已以是言百者衆言之也通四方之珍異以資之謂之商旅注商旅販賣之客也易曰至日商旅不行釋曰案大宰九職注行曰商處曰賈商旅賈客也行商與處賈爲客此文無賈直云商旅商是販賣之人故云販賣之客也云易曰者復卦彖辭文也是一日之中商旅不行餘日即行是行曰商也飭力以長地財謂之農夫注三農受夫田也釋曰飭勤也地財穀物皆是勤力以長地財謂之農夫案大宰云三農生九穀遂人云夫一廛田百畝是三農受夫三田也治

絲麻以成之謂之婦功注布帛婦官之事釋曰此記人所録衆工本擬云篇六十而作唯據百工二事而已舉餘五者欲重此百工與五者爲類之意若然百工並是官餘五者或非官知然者王公及士大夫百工並官其商旅農夫婦功三者非官據九職而言三者皆是出稅之色故大宰云三農生九穀商賈阜通貨賄嬪婦化治絲枲出稅以當九功也鄭云婦官據典婦功爲婦官此治絲麻者婦官所統攝故言婦官也

粵無鎛燕無函秦無廬胡無弓車釋曰此經與下經爲目此粵越國乃是古之語辭之曰即今之越字也言無鎛無函無廬無弓車謂無此鎛官函官之等也

注此四國者不置是工也鎛田器詩云偫乃錢鎛又曰其鎛斯趙鄭司農云函讀如國君含垢之含函鎧也孟子曰矢人豈不仁於函人哉矢人唯恐不傷人函人唯恐傷人廬讀爲纑謂矛戟柄竹欑柲或曰摩鑭之器胡今

匈奴 釋曰鄭知此四國不置是官者取下經翨解是不置之事知鎛田器者越地多泥用此鎛者多故下云夫人而能為鎛故知鎛田器是以引詩云庤乃錢鎛彼注云銚鎛鎒又曰詩云其鎛斯趙彼注趙刺也引之者證鎛為田器非鍾鎛者也先鄭云函讀如國君含垢之含者案左氏宣公十四年秋九月楚子圍宋十五年宋人使樂嬰齊告急于晉晉侯欲救之伯宗曰不可又曰川澤納汙山藪藏疾瑾瑜匿瑕國君含垢天之道也彼勸晉侯忍不救宋之事引之證含是含容之義也引孟子者證含是甲之意云廬讀為纑者纑縷之纑取細長之義也云謂矛戟柄竹櫕柲者案下廬人云為廬器戈長六尺有六寸唯言殳戟矛柄之等故知為矛戟柄也云竹櫕柲者漢世以竹為之櫕櫕謂柄之入銎處柲即柄也云或曰者或有人解廬磨鐗之器者但柄須磨鐗使滑故為此釋引之在下者得為一義故也

粵之無鎛也非無鎛也夫人而能為鎛也

燕之無函也非無函也夫人而能爲函也秦之無廬也非無廬也夫人而能爲廬也胡之無弓車也非無弓車也夫人而能爲弓車也

注言其丈夫人人皆能作是器不須國工粤地塗泥多草薉而山出金錫鑄治之業田器尤多燕近强胡習作甲冑秦多細木善作矜柲匈奴無屋宅田獵畜牧逐水草而居皆知爲弓車　釋曰皆覆釋上文言人人皆能不須置國工之意注言其丈夫人人皆能作是器不須國工者凡置官之法所以教示在下上行之下効之令一國皆能不須教示不置其官關石和鈞王府則有官民足用也如鄭此讀則夫人與君之夫人同號讀之也云越地塗泥多草薉而山出金錫者目驗如是也金工皆和錫故兼錫而言也云秦多細木者亦目驗可知云矜柲者矜即

削注贊一也 **知者創物** 注謂始闓端造器物若世本作者是也 釋曰此知者即下文聖人一也運用謂之知通物謂之聖凡知聖有若六德之知仁聖義之知聖則據賢人已下此言知聖則濬哲文明之等也引世本作者无句作磬儀狄造酒之等皆非聖知但聖佐知所爲則皆由聖知而起是以聖人之時有此世本所作也 **巧者述之守之世謂之工** 注父子世以相教 釋曰此世謂若管子書云工之子商之子四民之業皆云世者是也 **百工之事皆聖人之作也** 注事無非聖人所爲也 釋曰據世本作篇多非聖人親爲要君統臣功故皆聖人統攝之也 **爍金以爲刃凝土以爲器作車以行陸作舟以行水此皆聖人之所作也** 注凝堅也故書舟作周鄭司農云周當爲舟 釋曰上經云百工皆聖人所作

此經言聖人所作之器見其驗也天有時地有氣材有美工有巧合此四者然後可以爲良注時寒溫也氣剛柔也良善也釋曰此經已下說作器之法須合天時地氣之義將欲說已下不善之事故先於此說四者和合乃善之意也云時寒溫也者謂若弓人春液角夏治筋秋合三材冬定體之屬是依寒溫而作材美工巧然而不良則不時不得地氣也注不時不得天時橘踰淮而北爲枳鸜鵒不踰濟貉踰汶則死此地氣然也注鸜鵒鳥也春秋昭二十五年有鸜鵒來巢傳曰書所無也鄭司農云不踰濟無妨於中國有之貉或爲獲謂善緣木之獲也汶水在魯北釋曰左氏傳作鸜鵒公羊傳作鸛鵒此經注皆作鸜字與左氏同

春秋昭二十五年有鸜鵒來巢傳曰書所無也先鄭云不踰濟無妨於中國有之者案異義公羊以爲鸜鵒夷狄之鳥穴居今來至魯之中國巢居此權臣欲自下居上之象穀梁亦以爲夷狄之鳥來中國義與公羊同左氏以爲鸜鵒來巢書所無也彼注云周禮曰鸜鵒不踰濟今踰宜穴而又巢故曰書所無也許君謹案從二傳後鄭駁之云案春秋言來者甚多非皆從夷狄來也從魯疆外而至則言來鸜鵒本濟西穴處今乃踰濟而東又巢爲昭公將去魯國今先鄭云不踰濟無妨於中國有之與後鄭義同也云貉或爲貛謂善緣木之貛也者先鄭依或讀爲貉別更爲一解云汶水在魯北汶陽田或屬齊或屬魯是齊南魯北故云魯北

鄭之刀宋之斤魯之削吳粵之劍遷乎其地而弗能爲良地氣然也

注去此地而作之則不能使良也

釋曰若據經所言則鄭之刀以此刀之鐵移向宋而作斤宋之斤移

向鄭而作刀皆不得爲良故指刀斤削劒而言皆地氣使然故鄭云去此地而作之不能使良也

燕之角荆之幹妢胡之笴吴粤之金錫此材之美者也

釋曰自此已下說材之事也

注荆荆州也幹柘也可以爲弓弩之幹妢胡胡子之國在楚旁笴矢幹也禹貢荆州貢櫄幹栝柏及箘簵楛故書笴爲筍杜子春云妢讀爲焚咸丘之焚書或爲邠妢胡地名也笴當爲笴笴讀爲槀謂箭槀

釋曰云荆荆州也者案禹貢荆州貢櫄幹栝柏及箘簵楛三邦底貢注云櫄幹栝柏四木名幹柘幹箘竹聆風楛木類周之始肅慎氏貢楛矢石砮此州中生聆風與楛者衆多已三國致之云妢胡在楚旁者定四年左氏云頓子胡子者是也若楚旁則亦屬荆州別言妢胡之笴者荆即楚也以州言之若然妢胡得與荆別言也子春云妢讀爲焚咸丘之焚者左氏桓七年春二月己亥焚咸丘公羊云焚之者何樵之也樵之者何以火攻也咸丘者何邾婁之邑也

云笴讀爲稾稾謂箭稾者即稾人職掌箭稾是也天有時以生有時以殺草木有時以生有時以死石有時以泐水有時以凝有時以澤此天時也注言百工之事當審其時也鄭司農云泐讀如再扐而後卦之扐泐謂石解散也夏時盛暑大熱則然釋曰云百工之事當審其時也者弓人所云四時者是也先鄭云泐讀如再扐而後卦之扐者此扐謂揲蓍之法故易云分之爲二以象兩卦一以象三揲之以四以象四時歸奇於扐以象閏五歲再閏故再扐而後卦象其合集凡攻木之工七攻金之工六攻皮之工五設色之工五刮摩之工五摶埴之工二釋曰此已下言工之頭數并所作有殊此經與下爲揔目注

攻猶治也摶之言拍也埴黏土也故書七爲十刮作捖鄭司農云十當爲七捖摩之工謂玉工也捖讀爲刮其事亦是也

釋曰云摶之言拍也埴黏土也者以手拍黏土以爲坯乃燒之尚書禹貢云厥土赤埴墳注亦云埴黏土者也先鄭云捖讀爲刮者舌爲聲刀爲形左聲右形刮摩之義是故讀從之也

攻木之工輪輿弓廬匠車梓攻金之工築冶鳧㮚段桃攻皮之工函鮑韗韋裘設色之工畫繢鍾筐㡛刮摩之工玉楖雕矢磬摶埴之工陶旊

釋曰上云其數此給以事職之也攻木之工七輪人爲輪蓋輿人爲車輿弓人爲六弓廬人爲柄之等匠人爲宮室城郭溝洫之等車人爲車梓人爲飲器及射侯之等攻金之工六築氏爲削冶氏爲戈戟鳧氏爲鍾㮚氏爲量段氏

爲鏄桃氏爲劒攻皮之工五函人爲甲鮑人主治皮韗

爲鼓韋氏裘氏闕也設色之工五畫繢二者別官同職

刮摩之工五玉人造圭璋之等櫛氏闕雕氏闕矢人主造

其事者畫繢相須故也鍾氏染鳥羽筐氏闕㡛氏主湅絲

矢磬氏爲磬搏埴之工二陶人爲瓦器甑甗之屬瓬人爲瓦簋注事官之屬六十此識其五材三十工略記其事耳其曰某人者以其事名官也其曰某氏者官有世功若族有世業以氏名官者也廬矛戟矜柲也國語曰侏儒扶盧梓楎屬也故書雕或爲舟鄭司農云輪輿弓廬匠車梓此七者攻木之工官別名也孟子曰梓匠輪輿鮑讀爲鮑魚之鮑書或爲鞄蒼頡篇有鞄䩪韗讀爲歷運之運㡛讀爲芒芒禹迹之芒櫛讀如巾櫛之櫛瓬讀爲甫始之甫埴書或爲植杜子春云雕或爲舟者非也玄謂㼽讀如放於此乎之放　釋曰三十工於六十爲不備記人録者未必在六十工之内直以數言之充得三十工而已也云其曰某人者以其事名官也者匠人梓人韗人鮑人之類是

也此等直指事上爲名也云其曰某氏者其義有二一者官有世功則以官爲氏若韋氏裘氏冶氏之類是也二者族有世業以氏名官若鳧氏㮚氏之等是也云廬矛戟矜柲也者方言戟三刃持其柄自關而西謂之杖又云矜謂之杖云國語曰侏儒扶盧者晉語文公問胥臣胥臣對曰戚施植鎛籧篨蒙璆侏儒扶盧矛矜是也云梓榎屬也者案釋木云槄山榎注云榎梓二木名此云梓榎爲一者爾木前言槄山榎後云椅梓據此二文故云屬非謂梓榎爲一而云屬也先鄭引孟子者見孟子所云官名與此同也蒼頡篇有鞄𩊂者案藝文志蒼頡有七章秦丞相李斯所作鞄𩊂是其一篇內有治皮之事故引爲證也云韗讀爲歷運之運者歷運時語有正歷運之數故讀從之取其音同耳云幌讀爲芒芒禹迹之芒者襄四年左氏傳魏絳請和諸戎云芒芒禹迹畫爲九州經啓九道引之者亦取音同云櫛讀爲巾櫛之櫛者案左氏僖二十二年晉大子圉爲質於秦將逃歸謂嬴氏曰與子歸乎對曰子之欲歸一

亦宜乎鄭君之使婢子侍執巾櫛以固子也從子而歸棄
君命也引之者證櫛櫛是一也云旐讀爲甫始之甫者甫
訓爲始故讀從之於義無所取故後鄭不從也玄謂旐讀
如放於此乎之放者案隱二年無駭入極公羊傳曰疾始
滅也始滅放於此乎是
也言作瓦器者亦相放

有虞氏上陶夏后氏上

匠殷人上梓周人上輿

注官各有所尊王者相變
也舜至質貴陶器甒大瓦
棺是也禹治洪水民降丘宅土卑宮室盡力乎溝洫而尊
匠湯放桀疾禮樂之壞而尊梓武王誅紂疾上下失其服
飾而尊輿　釋曰云官各有尊王者相變也者此陶匠梓
輿據上三十工並是官名又所尊上不同故云官各有所
尊王者相變也云舜至質貴陶器者案禮記表記云虞夏
之文不勝其質殷周之質不勝其文謂上代質後代文若
以文質再而復而言則虞又當質故云至質瓦器又至質
故禮記郊特牲云器用陶匏是祭天地之器則陶器爲質

也以代當質故用質器也云甒大瓦棺是也者喪禮兩甒
醴酒明堂位云泰有虞氏之尊也檀弓云有虞氏瓦棺是
也此據升爲帝時所上不得取陶于河濱解此也云禹治
洪水者昔鯀治水九載績用不成舜臣堯舉八愷八愷中
有禹堯使之治水大禹謨云禹降水儆予是也云民降丘
宅土者禹貢文云卑宫室者論語文言民下居平土營農
種作故爲之治溝洫以通水通水之官匠人是故夏上匠
也云湯放桀者尚書云湯放桀于南巢云疾禮樂之壞者
桀之無道民墜塗炭法度靡措是禮樂之壞也梓人所以
造作禮樂之器故湯上之也云武王誅紂者尚書牧誓云
甲子昧爽戰于牧野是武王誅紂之事紂之無道臣下化
之無尊卑之差失其服飾但車服者顯尊卑之差故周公
制禮尊上於輿也

故一器而工聚焉者車爲多

注周所上也

釋曰云一器者車也而工聚者謂有輪人輿人車人
兢職中仍有輈人是一器工聚者車最多多於餘官以周

所上故也**車有六等之數**注車有天地之象人在其中焉六等之數法易之三材六

畫　釋曰云六等之數下文是也云車有天地之象者下文云軫之方也以象地蓋之圜也以象天是車有天地之象也云人在其中焉者在軫蓋之中也云六等之數法易之三材六畫者易說卦云立天之道曰陰與陽立地之道曰柔與剛立人之道曰仁與義兼三材而兩之故易六畫而成卦兼三材者天有陰陽地有柔剛人有仁義三材六畫一材兼二畫故車之六等法之也

車軫四尺謂之一等戈柲六尺有六寸既建而迆崇於軫四尺謂之二等人長八尺崇於戈四尺謂之三等殳長尋有四尺崇於人四尺謂之四等車戟常崇

於殳四尺謂之五等酋矛常有四尺崇於戟四尺謂之六等 釋曰此經說車六等之數此六等軫一人一之外兵有四等此謂前驅車所建故詩云伯也執殳爲王前驅彼注引此文爲證前驅明此是前驅所建可知 **注** 此所謂兵車也軫輿後横木崇高也八尺曰尋倍尋曰常殳長丈二戈殳戟矛皆插車輢鄭司農云迆讀爲倚移從風之移謂著戈於車邪倚也酋發聲直謂矛 釋曰云此所謂兵車也者謂下兵車之輪崇者也云軫輿後横木者即今之車枕一也知八尺曰尋者此經皆以四尺爲差人長八尺而殳長尋有四尺崇於人四尺則八尺之外唯有四尺在是尋長八尺可知知倍尋曰常者殳長丈二而云車戟崇於殳四尺則丈二之外有四尺揔丈六尺是倍尋曰常也云戈殳戟矛皆插車輢者當皆以鐵圜範邪置於輢之上下乃插而建之容出先刃入後刃言之一則邪向前一則邪向後乃可

得也先鄭云迆讀爲倚移從風之移者司馬長卿上林賦云從風倚移云酋發聲直謂矛酋矛二丈者也車謂之六等之數注申言數也釋曰前已云之今又申言之申重也重言數詳審言之也凡察車之道必自載於地者始也是故察車自輪始注先視輪也自從也凡察車之道欲其樸屬而微至不樸屬無以爲完久也不微至無以爲戚速也注樸屬猶附著堅固皃也齊人有名疾爲戚者春秋傳曰蓋以操之爲已戚矣速疾也書或作數鄭司農云樸讀如子南僕之僕微至謂輪至地者少言其圜甚著地者微耳著地者微則易轉故不微至無以爲戚數釋曰此已下云造車有善惡高下大小之宜云春秋傳者案公羊傳莊公三十年冬齊人伐山戎傳云此齊

侯也其稱人何貶曷爲貶司馬子曰蓋以操之爲已蹙矣注云操迫也已甚也蹙痛也鄭氏以蹙爲疾與何休別先鄭云子男僕之僕哀二年左氏傳云初衛侯游于郊子南僕引之者取音同也 輪已崇則人不能登也輪已庳則於馬終古登阤也 注已大也甚也崇高也齊人之言終古猶言常也阤阪也輪庳則難引 釋曰輪已崇則過六尺六寸軫即過四尺大高故人不能登也輪已庳則無六尺六寸軫即無四尺大下則馬難引常似上阪也 故兵車之輪六尺有六寸田車之輪六尺有三寸乘車之輪六尺有六寸 釋曰上文云車大高大下不得所今此經云須得所之意也先言兵車者重戎事故也田獵戰伐相類即言田車以對兵車後別言乘車之等也 注此以馬大小爲節也兵車革路

也田車木路也乘車玉路金路象路也兵車革車駕國馬
田車駕田馬　釋曰言以馬大小爲節者馬高則車亦高
馬下則車亦下一以馬之高下爲車之節度云革路木路
玉路等皆據巾車而言也云國馬者據輈人云國馬之輈
而言國馬則校人所云種馬
戎馬齊馬道馬四者是也　**六尺有六寸之輪軹崇**
三尺有三寸也加軫與轐焉四尺也人長
八尺登下以爲節　釋曰此經論軫崇四尺不高不
下之節上云兵車乘車輪高六
尺六寸軹是軸頭處輪之中央故崇三尺　注此車之高者
有三寸加軫與轐二者七寸則得四尺　也軫輿也鄭
司農云軹軎也轐讀爲旃僕之僕謂伏兎也玄謂軹轂末
也此軫與轐并七寸田車又宜減焉乘車之軹廣取數於
此軌廣八尺旁出輿亦七寸也　釋曰云此車之高者對
田車是軎之下者也先鄭云軹軎也者物有二名耳云轐

讀爲旃僕之僕者讀音同而未聞所出也云謂伏兔也者
漢時名今人謂之車屐是也玄謂軓轂末也此軨與轐并
七寸者四馬車一轅車軸上有伏兔伏兔尾後上載車軨
軨始有車輿則軸去地三尺三寸上又兼伏兔及軨并七
寸車輿去地揔四尺也云田車又宜減焉者田車軨崇三
尺一寸半減乘車寸半加軨與轐亦減乘車寸半爲五寸
半也云乘車之軌廣取數於此者車輿六尺有六寸軌廣
謂轍廣轍廣八尺則車輿外旁出輿兩相各七寸七寸之
數取於軨轐七寸之數故云取數於此也

輪人爲輪斬三材必以其時 注三材所以爲轂輻牙也斬之以時
材在陽則中冬斬之在陰則中夏斬之今世轂用雜榆輻
以檀牙以橿也　釋曰輪人唯造車輪輪之三材唯轂輻
牙故鄭以此三者解之也云材在陽中冬斬之等並據山
虞文知之鄭舉今世所用木爲此三者未知周用何木也

三材既具巧者和之注調其鑿內而合之釋曰鄭以調解和鑿內謂孔入轂入牙者並須調使得所也轂也者以爲利轉也輻也者以爲直指也牙也者以爲固抱也注利轉者轂以無有爲用也鄭司農云牙讀如跛者訝跛者之訝謂輪輮也世間或謂之罔書或作輮釋曰云輻也者以爲直指也者入轂入牙並須直指不邪曲也云牙也者以爲固抱也者使牢固抱曲云利轉者轂以無有爲用也者案老子道經云三十輻共一轂當其無有車之用注無有謂空虛轂中空虛輪得行輿中空虛人居其上引之者證轂爲由空乃得利轉之義也先鄭讀牙爲訝跛者之訝者訝迎也此車牙亦輮之使兩頭相迎故讀從之輪敝三材不失職謂之完注敝盡而轂輻牙不動釋曰謂之爲職者轂輻牙

各有職任自相友持雖盡不動是不失職也

望而眡其輪欲其幎爾而下迆也進而眡之欲其微至也無所取之取諸圜也 注輪謂牙也幎均致貌也迆猶行也微至至地者少也非有他也圜使之然也鄭司農云微至書或作危至故書圜或作員當爲圜 釋曰望而視之謂車傳止時云幎爾者幎均致貌爾助句辭云下迆者謂輻轂上轂下兩兩相當正直不旁迆故云下迆也

望其輻欲其掣爾而纖進而眡之欲其肉稱也無所取之取諸易直也 釋曰上經摠視輪此經別視輻下云進而視之則上云望其輻據往止時也 注掣纖殺小貌也肉稱弘殺好也鄭司農云掣讀爲紖容掣參之掣玄謂如桑螵蛸之蛸 釋曰云掣纖殺

小貌也者凡輻皆向轂處大向牙處小言𣪠纖據向牙處小而言也云内稱弘殺好也者向轂爲稱故爲弘殺先鄭云紛容𣪠參之𣪠者此蓋有文今檢未得玄謂如桑螵蛸之蛸者讀從爾雅釋蟲蟷蜋螵蛸並取音同也

望其轂欲其眼也進而眡之欲其幬之廉也無所取之取諸急也

釋曰凡轂初作時隱起然後以革鞔之革急裹木隱起見幬覆也謂以革覆轂也

注眼出大貌也幬幔轂之革也革急則裹木廉隅見鄭司農云眼讀如限切之限

釋曰先鄭讀眼如限切之限亦是取急意

眡其綆欲其蚤之正也

注蚤當爲爪謂輻入牙中者也鄭司農云綆讀爲關東言餅之餅謂輪箄也玄謂輪雖箄爪牙必正也

釋曰凡造車輪皆向外箄向外箄則車不掉先鄭讀綆爲山東言餅之餅依俗讀也玄謂輪雖箄爪牙必正也者爪入牙中鑿

孔必正直不隨邪也察其菑蚤不齵則輪雖敝不匡注菑謂輻入轂中者也菑與爪不相佹乃後輪敝盡不匡剌也鄭司農云菑讀如雜廁之廁謂建輻也泰山平原所樹立物爲菑聲如胾博立梟棊亦爲菑匡枉也　釋曰上視輻入牙中此言察輻入轂中須得所之意也凡植物於地中謂之菑此輻入轂中似植物地中亦謂之菑言菑蚤不齵者人之牙齒参差謂之齵此三十輻入轂與蚤入牙一一相當不相佹戾亦是不齵也如此輪雖敝盡不匡剌先鄭云菑讀如雜廁之廁者讀從史游章分別部居不雜廁義取不參差意也云博立梟棊者謂博戲時立一子於中央謂之梟棊云爲菑亦是樹立爲菑之義也　凡斬轂之道必矩其陰陽注矩謂刻識之也故書矩爲距鄭司農云當作矩謂規矩也　釋曰此欲斬轂之時先就樹刻之記識其向日爲陽背日爲陰之處必記之者爲後以火養其陰故也

也者積理而堅陰也者疏理而柔是故以火養其陰而齊諸其陽則轂雖敝不藃 注 積致也火養其陰炙堅之也鄭司農云積讀爲與叅之與藃當作秏玄謂藃藃暴陰柔後必橈減幬革暴起 釋曰此轂若不以火養炙陰柔之處使堅與陽齊等後以革鞔陰柔之處木則瘦減革不著木必有暴起若以火養之雖敝不藃暴也 轂小而長則柞大而短則摯 釋曰此已下論車須長短小大相稱之事 注 鄭司農云柞讀爲迫唶之唶謂輻間柞狹也摯讀爲槷謂輻危槷也玄謂小而長則畱中弱大而短則末不堅 釋曰先鄭讀柞爲迫唶之唶者依俗讀之以摯爲槷後鄭從而就足之玄謂小而長則畱中弱者以轂小而長則輻間柞狹故畱中弱也云大而短則末不堅者謂轂大而短即轂宋淺短故轂末不得堅

牢也**是故六分其輪崇以其一爲之牙圍**注六尺六寸之輪牙圍尺一寸　釋曰以上文小大不得其所此文制法使得其所也云六尺六寸之輪牙圍尺一寸者此據兵車乘車而言若田車之輪小崇六尺三寸計亦可知也**參分其牙圍而漆其二**注不漆其踐地者也漆者七寸三分寸之一不漆者三寸三分寸之二令牙厚一寸三分寸之二則內外面不漆者各一寸也　釋曰就一尺一寸且取九寸三分分之各得三寸猶有二寸在又一寸爲三分二寸爲六分三分分之各得二分若然一分有三寸三分寸之二二分總得七寸三分寸之一是漆之者也餘一分者三寸三分寸之二是不漆者故云不漆者三寸三分寸之二也云令牙厚一寸三分寸之二則內外面不漆者各一寸也者無止文以意解之故云令牙厚一寸三分寸之二餘二寸分於外內面故各一寸也**椁其漆內**

而中詘之以爲之轂長以其長爲之圍注六尺六寸之輪漆內六尺四寸是爲轂長三尺二寸圍徑一尺三分寸之二也鄭司農云椁者度而漆之內相距之尺寸也

釋曰上經不漆者外內面各一寸則兩畔減二寸故漆內有六尺四寸也中屈此六尺四寸故轂長三尺二寸也又以三尺二寸爲圍圍三徑一三尺得一尺餘二寸寸作三分爲六分又徑二分故徑一尺三分寸之二也

以其圍之防捎其藪

釋曰車轂之法其孔必大頭寬小頭狹當輻入處謂之藪寬狹處中而已云防者三分之一也者於前一尺三分寸之二三分取一捎除也以除空中當藪之處使容車軸也

注捎除也防三分之一也鄭司農云捎讀爲桑螵蛸之蛸藪讀爲蜂藪之藪謂轂空壺中也玄謂此藪徑三寸九分寸之五壺中當輻菑者也蜂藪者猶言趨也藪者衆輻之所趨也

釋曰云防三分之一者凡言防者分散之言數亦不定是

以王制云祭用數之仂注以爲當年之什一以其下有喪
用三年之仂遂以當年經用之什一言之此下文賢是大
頭穿內徑四寸五分寸之二此當藪處於徑三分之一爲
徑三寸九分寸之五大小相稱故以仂爲三分之一解之
也讀爲蜂藪之藪此亦依俗讀之以蜂窠有孔藪然此二
十幅入轂處亦藪然也玄謂此藪徑三寸九分寸之五者
以轂徑一尺三分寸之二今一尺取九寸三分之一得三
寸仍有一寸三分寸之二在今以一寸者爲九分寸之二
爲六分揔爲十五分三分取一得
五分故云徑三寸九分寸之五也　五分其轂之長去
一以爲賢去三以爲軹　釋曰上經言轂空壺中此經言轂大小兩頭　經
鄭司農云賢大穿也軹小穿也玄謂此大穿徑八寸十五
分寸之八小穿徑四寸十五分寸之四大穿甚大似誤矣
大穿實五分轂長去二也去二則得六寸五分寸之二凡
大小穿皆謂金也今大小穿金厚一寸則大穿穿內徑四

寸五分寸之二小穿穿内徑二寸十五分寸之四如是乃
與藪相稱也　釋曰云玄謂此大穿徑八寸十五分寸之
八者經云五分其轂之長去一以爲賢即以轂長三尺二
寸徑一尺三分寸之二而五分去一一尺去二寸得八寸
三分寸之二者本三分寸今爲十五分寸即以二分者爲
十分去二分得八分故云大穿徑八寸十五分寸之八也
云小穿徑四寸十五分寸之四者經云去三一尺五分去
三去六寸得四寸三分寸之二亦爲十五分寸之十五分
去二去六分得四分故云小穿徑四寸十五分寸之四云
大穿甚大似誤矣者以其大穿與藪中及小穿三者須相
類故鄭以五分去二爲允也云今大小穿金厚一寸者無
正文以目驗知之故云今也大小穿穿内皆以金消去二
寸故各減二寸也　容轂必直陳篆必正施膠必厚施
筋必數幬必負幹　注鄭司農云讀容上屬曰轂容玄謂容者治轂爲之形容

也篆轂約也幬負幹者革轂相應無贏不足　釋曰先鄭讀容匕屬後鄭不從者軹轂末無形容可見其轂上則夏篆夏緩轂約故不從也云幬負幹者革轂相應者幬覆也謂以革覆轂轂之木隱著革使之急是革轂相應也云無贏不足者贏與不足同蒙無字若轂有秏瘦不隱著轂則革有贏而轂不足著轂不秏革轂相應革無贏轂亦無不足也

既摩革色青白謂之轂之善　注謂丸漆之乾而以石摩平之革色青白善之徵也　釋曰此謂以革鞔轂訖將漆之先以骨丸之待乾方以石摩平之其色青白則善也

參分其轂長二在外一在內以置其輻　注轂長三尺二寸者令輻廣三寸半則輻內九寸半輻外一尺九寸　釋曰此經欲論置輻於轂相去遠近之法云轂長三尺二寸上經文令輻廣三寸半知者案上云以圍之防捎其藪藪中三分徑一轂徑既一尺三分寸二令取

一分作空中空中徑三寸九分寸之五兩畔得二分有七
寸九分寸之一兩廂分之一畔得三寸九分寸之五下文
云量其鑿深以爲輻廣深三寸半故知輻廣三寸半也依
前所計言之輻深實應三寸十八分寸之一言三十半舉
成數言也若然轂既長三尺二寸輻居三寸半餘有二
尺八寸半三分之輻外得一尺九寸輻內得九寸半也凡
輻量其鑿深以爲輻廣注廣深相應則固足相任也釋曰
如上所計則輻之廣深各有三寸半是相應也若上轂小而長轂大而短則不相應故槷也輻廣而
鑿淺則是以大扤雖有良工莫之能固
注扤搖動貌　釋曰此及下經論轂與輻不得所之意也鑿深而輻小則是
固有餘而強不足也注言輻弱不勝轂之所任也　釋曰云鑿深而輻小

者謂轂大故鑿得深其輻則應大是相稱若輻小則固有餘固有餘由轂大鑿深故也而強不足由輻小故也故竑其輻廣以爲之弱則雖有重任轂不折注言力相稱也弱菑也今人謂蒲本在水中者爲弱是其類也鄭司農云竑讀如紘綖之紘謂度之釋曰云言力相稱也者上謂輻廣與鑿深相稱案史游章云蒲蒻藺席謂取蒲之本在水者爲席則此經弱亦是輻入轂中者也參分其輻之長而殺其一則雖有深泥亦弗之溓也注殺衺小之也鄭司農云溓讀爲黏謂泥不黏著輻也釋曰假令輻除入轂之中其外長三尺則殺一尺以向牙以本麤末細塗則向下利故泥不黏著之也參分其股圍去一以爲骹圍注謂殺輻之數也鄭司農云股謂近轂者也骹謂近

牙者也方言股以喻其豐故言骹以喻其細人脛近足者細於股謂之骹羊脛細者亦爲骹 釋曰云謂殺輻之數也者上經云殺其一者據長短之中殺一分此經參分殺一據本麤末細而言其輻近轂麤處謂之股者人髀股近牙細者謂之骹謂若人脚近踝之骹也假令輻近轂處圍六寸也先鄭云方言股以喻其豐者方者止謂方欲言股之時此股喻其豐非謂楊雄以異方之語不同方言也肢既喻豐故言骹以喻其細一切麤細相對細處則言骹謂士喪禮綴足用燕几骹在南之類 云羊脛細者亦爲骹者今人猶言之也

揉輻必齊平沈必均 注揉謂以火槁之衆輻之直齊如一也平沈平漸也鄭司農云平沈謂浮之水上無輕重 釋曰云揉謂以火槁之者曲者以火炙之木則濡可揉戾使直槁就也故云揉謂以火槁之也云衆輻之直齊如一也者謂以火槁之後直不曲故云直齊如一也重者沈多輕者沈淺沈重者更去之則平而輕重等也

直以

指牙得則無槷而固注得謂倨句鑿內相應也鄭司農云槷摋也蜀人言摋曰槷玄謂槷讀如涅從木熱省聲　釋曰云得謂倨句鑿內則應也者以輻直者爲倨以牙曲者爲句輻牙雖有倨句至於鑿內必正正則爲得得則若無槷而牢固也先鄭讀槷爲危槷之槷故更轉從摋也後鄭讀槷即是槷嚙結切云槷讀如涅謂涅物於孔中之涅又解槷字以其用木爲槷故從木也云熱省聲者熱者去下火取上𡙇熱爲聲可謂上聲下形故云省聲也

不得則有槷必足見也注必足見言槷大也然則雖得猶有槷但小耳　釋曰云必足見言槷大也者足乃據槷而言言足見故知槷大乃足見也云然則雖得猶有槷但小耳者上經云無槷而固即是無槷鄭必知上文有槷但小者鄭更無異文直以文勢知之可知知然者此經云不得則有槷必足見言槷大則知上經得不足見無大槷有小槷可知故鄭云雖得猶有槷但小

耳鄭非直以文勢反之知有槷以意量之輻入牙中無有不用槷而固者也六尺有六寸之輪綆參分寸之二謂之輪之固注輪箄則車行不掉也參分寸之二者出於輻股鑿之數也　釋曰上由輪有箄車不掉不掉則得輪之固也云參分寸之二者出於輻股鑿之數也若鑿牙之時其孔向外侵三分寸之二使輻股外箄故云輻股鑿之數也凡爲輪行澤者欲杼行山者欲侔注杼謂削薄其踐地者侔上下等　釋曰凡爲車之法各順其所宜是以行澤者欲杼知是削薄其踐地者下文云是刀以割塗故知削薄之行山欲上下等者下文云是摶以行石雖不動於鑿旁恐石傷之故欲上下等而得久長也杼以行澤則是刀以割塗也是故塗不附注附著也侔以行山

則是摶以行石也是故輪雖敝不甐於鑿注摶圜厚也鄭司農云不甐謂不動於鑿中也玄謂甐亦敝也以輪之厚石雖齧之不能敝其鑿旁使之動釋曰先鄭以甐爲動而不動於鑿中後鄭以甐亦敝不能敝於鑿旁不從先鄭者以其動者先動於旁乃及於中不可先動於中故不從也

凡揉牙外不廉而內不挫旁不腫謂之用火之善釋曰此一經論用火揉牙使之圓正之意古者車輞屈一木爲之要當曲木善火齊又得乃可圜而得所也注廉絕也挫折也腫瘣也釋曰凡屈木多外廉絕理內挫折中旁腫負起無此三疾是用火之善也

是故規之以眡其圜也注輪中規則圜矣釋曰謂輪成以規規之中規則不枉也

萬之以眡其匡也注等爲萭蔞以運輪上輪中萭

蔞則不匡剌也故書萬作禹鄭司農云讀爲萬書或作知釋曰云等爲萬蔞以運輪上者見今車近萬蔞於輪一邊置於輪上是等爲萬蔞以運輪上也輪一轉一帀不高不下中於萬蔞則輪不匡剌

縣之以眡其輻之直也 注輪輻三十上下相直從旁以繩縣之中繩則鑿正輻直矣 釋曰此以輪側於一邊輪輻三十兩兩上下相直從旁以繩縣之兩兩中縣則鑿正而輻直矣

水之以眡其平沈之均也 注平漸其輪無輕重則斲材均矣 釋曰兩輪俱置水中觀眡四畔入水均否若平深均則斲材均矣

量其藪以黍以眡其同也 注黍滑而齊以量兩壺無贏不足則同 釋曰謂兩輪俱用黍量眡其容受同不齊同則無贏亦無不足鄭云黍滑而齊則不取律曆志以黍爲度量衡之義也

權之以眡其輕重之侔也 注侔等也稱兩輪鈞

石同則等矣輪有輕重則引之有難易　釋曰云稱兩輪
鈞石同則等矣者正以鈞石言之者以其輪重非斤兩所
准擬故以三十斤曰鈞
百二十斤曰石之言也**故可規可萬可水可縣**
可量可權也謂之國工注國之名工　釋曰
此一經揔結上文也
輪人爲蓋達常圍三寸注圍三寸徑一寸也
鄭司農云達常蓋斗
柄下入杠中也　釋曰輪輻三十蓋弓二十有八器類
相似故因遣輪人造蓋但蓋柄有兩節此達常是上節下
入杠中也**桯圍倍之六寸**注圍六寸徑二寸足以含達常
鄭司農云桯蓋杠也讀如丹桓
宮楹之楹　釋曰此蓋柄下節麤大常一倍向上含達常
也先鄭引丹桓宮楹之楹者案莊二十三年爲迎姜氏以
爲華飾故丹桓公廟之楹柱引
之證此蓋柄之桯楹柱之類也**信其桯圍以爲部廣部**

廣六寸 注廣謂徑也鄭司農云部蓋斗也 釋曰此言蓋之斗四面鑿孔內蓋弓者於上部高隆穹然謂之爲部信古之申字舒申上桯圜六寸以爲此部徑部徑六寸也 部長二尺 注謂斗柄達常也 釋曰此部即達常以此達常上入部中遂名此達常爲部其實是達常也 桯長倍之四尺者二 注杠長八尺謂達常以下也加達常二尺則蓋高一丈立乘也 釋曰云蓋高一丈立乘也者人長八尺蓋弓有宇曲之減二尺得不障人目也 十分寸之一謂之枚 注爲下起數也枚一分故書十與上二合爲二十字杜子春云當爲四尺者二十分寸之一 釋曰云故書十與上二合爲廾字則二十三十四十字一字爲兩讀因而有之子春不從者文理僢周乃合於義若以十合二爲廾是則於文字得矣若讀以分向下讀之其義安在故子春經爲正也 部尊一枚 注尊高也蓋斗上隆高高一分也

釋曰高者必尊故尊爲高也以隆高一分故上文得名爲部也**弓鑿廣四枚鑿上**

二枚鑿下四枚注弓蓋橑也廣大也是爲部厚一寸釋曰云弓蓋橑也者漢世名蓋弓爲橑子也云廣大也者恐直以橫廣四枚上下不知其數故訓廣爲大明上下及橫皆四分也云是爲部厚一寸者經兩四一二故厚一寸也必以孔上二枚孔下四枚以其弓下用力故也**鑿深二寸有半**

下直二枚鑿端一枚注鑿深對爲五寸是以不傷達常也下直二枚者鑿空下正而上低二分也其弓菑則橈之平剡其下二分而内之欲令蓋之尊終平不蒙橈也端内題也釋曰此經說蓋斗之上鑿孔内弓二十八孔之上下廣狹之義云鑿深對爲五寸是以不傷達常也者前文云部廣六寸達常徑一寸達常上入部中徑一寸則兩畔共有五寸在今以弓鑿深二寸半兩相各二寸半是不侵達常故云不傷達常也

云下直二枚者鑿空下正而上低二分也者直正也鑿孔下正者上文鑿下四枚今於內畔於下亦四枚與外正平故云平於下正也云而上低二分者前文鑿上二故今於內畔孔低二分鑿上亦四枚故云上低二分也若然部㧾一寸今鑿上鑿下俱四枚已用八枚其中唯有二枚在故云弓鑿則橈橈亦減也弓外畔上下四枚今於內畔減二枚唯有二分剡去也故云平剡其下二分而內之云欲令蓋之尊終平不蒙撓也者蓋尊外畔孔上二枚及內畔上下俱四枚若然蓋弓向外頭仰但以蓋弓三分一分外爲宇曲又以衣蒙之則弓低故蓋尊終平不蒙撓又得吐水也云端內題也者蓋斗外寬內狹以是故蓋弓內端削使狹爲題頭故云端內題也

弓長六尺謂之庇軹五尺謂之庇輪四尺謂之庇軫

注庇覆也故書庇作秘杜子春云秘當爲庇謂覆幹也玄謂軹轂末也輿廣六尺六寸兩轂并六尺四寸旁減軑內七寸則兩

軹之廣凡丈一尺六寸也六尺之弓倍之加部廣凡丈二尺六寸有宇曲之減可覆軹不及幹　釋曰此經說蓋有大小不定之事云輿廣六尺六寸者輿人文云旁減軓內七寸者七寸以承輿故旁減軓內七寸上云以其轂長二在外一在內以置其輻輻內九寸半綆三分寸之二金轄之間三分寸之一輻又三寸半揔尺四寸以此計之以七寸承輿七寸爲軓故云旁減軓內七寸也云兩軹之廣凡丈一尺六寸也者向計輿六尺六寸并兩轂六尺四寸揔一丈三尺減尺四寸入輿下有餘有丈一尺六寸也云六尺之弓倍之加部廣凡丈二尺六寸有宇曲之減可覆軹不及幹者下文注云股面三尺幾半通尊二尺爲五尺近半倍之加部廣六寸揔丈一尺六寸以幾半言之則不盈丈一尺六寸經云覆軹當九經中之數故云可覆軹不及幹也

參分弓長而揉其一

注參分之持長橈短短者近部而平長者爲宇曲也六尺之弓近部二尺四尺爲宇曲　釋曰云三分之持長

橈短短者近部而平長者爲宇曲也者弓長六尺三分一
分有二尺旣云參分弓長橾其一則橾其二尺近部者故
亢三分之持長橈短短者近部內而平長者爲宇曲鄭又
覆言之六尺之弓近部二尺四尺爲宇曲必橈近部二尺
者以其本鑿弓孔時外畔弓上二枚弓下四枚內畔上下
俱四枚由弓頭仰故須近部橈之使平向下四尺持之爲
宇曲叱水也

參分其股圍去一以爲蚤圍 注蚤當爲爪以弓鑿之廣爲股圍則寸六分也爪圍一寸十五分寸之一 釋曰此言弓近蓋計復鑿近末頭細之意云股圍則寸六分也者上云弓鑿廣四枚即以方圍之四四十六故圍寸六分云爪圍一寸十五分寸之一者一寸爲三十分六分者爲十八分通前摠四十八取三十分去十分得二十分十八分者去六分得十二分以十二并二十爲三十二分三十分作寸餘二分是三十分寸之二三十分寸之二即參是十五分寸之一故云爪圍一寸十五分寸之一也

分弓長以其一爲之尊注尊高也六尺之弓上近部平者二尺爪末下於部二尺二尺爲句四尺爲弦求其股股十二除之面三尺幾半也

釋曰云以其一爲之尊者正謂近部二尺者對末頭四尺者爲下以二尺者爲高云爪末下於部二尺者正謂蓋杠并達常高一丈八尺故四面宇曲垂二尺也云二尺爲句四尺爲弦求其股者鄭欲解宇曲之減減蓋之寬狹軹不及幹之意凡筭法以蚤低二尺即以低二尺者爲句又以持長四尺爲絃又蚤末直平者爲股弦者四尺四四十六爲丈六尺句者二尺二二而四爲四尺欲求其股之直平者筭法以句除弦餘爲股積句之四尺除弦丈六尺中除四尺仍有丈二尺在然後以筭法約之廣一尺長丈二尺方之丈二尺取九尺三尺一截相裨得方三尺仍有二尺在中破之爲兩股各廣五寸長三尺裨於前三尺方兩畔畔有五寸兩畔并前三尺爲三尺半用頭仍少方五寸不合不整三尺半幾近也言近半

上欲尊而宇

欲卑注上近部平者也隤下曰宇 釋曰此言爲下上而説也上謂近部二尺者宇謂持長四尺者也

尊而宇卑則吐水疾而霤遠注蓋者主爲雨設也乘車無蓋禮所謂潦車謂蓋車與 釋曰云蓋者主爲雨設也乘車無蓋者案巾車五路皆不言蓋以其建旌旗故無蓋故彼云及葬執蓋從車持旌鄭云王平生時乘車建旌雨則有蓋又道右職云王式則下前馬王下則以蓋從注云以蓋從表尊非謂在車時若今傘蓋者也云禮所謂潦車謂蓋車與者案既夕禮云乘車載旜道車載朝服稾車載蓑笠注云今文稾爲潦此注云禮所謂潦車者指儀禮今文而言也鄭彼不從今又此引之者鄭兩解故此從之但潦車云載蓑笠笠所以禦暑蓑所以禦雨雨時或設蓑或設蓋故疑是彼潦車遂言與也若然蓋車於天子當木路故既夕注云稾猶散也散車以田以鄙之車司常云斿車載旌注云斿車木路也王以田以鄙之車是木路與潦車

爲一物故知此則木路至於田獵建大麾無蓋在國巡行則或載旌或設蓋也**蓋已崇則難**

爲門也蓋已卑是蔽目也是故蓋崇十

尺注十尺其中正也蓋十尺宇二尺而人長八尺卑於此蔽人目　釋曰云蓋十尺宇二尺者據人長八尺中人而言若孔子及父皆身長十尺則蓋丈二者也**良蓋弗冒弗紘殷畝**

而馳不隊謂之國工注隊落也善蓋者以橫馳於壟上無衣若無紘而弓不落也　釋曰云良蓋弗冒則無衣不須言不紘若言不紘則有衣而不須紘也云殷畝而馳者據不冒不紘兩者而言

輿人爲車輪崇車廣衡長叄如一謂之

叄稱注稱猶等也車輿輿也衡亦長容兩服　釋曰此輿人專作車輿記人言車者車以輿爲主故車爲摠

名鄭爲輿者此官實造輿故從輿爲正云參如一者謂俱六尺六寸也云容兩服者服馬也以其驂馬别有靷引車故衡唯容服也

參分車廣去一以爲隧

注兵車之隧四尺四寸鄭司農云隧謂車輿深也讀如鑽燧改火之燧玄謂讀如邃宇之邃 釋曰隧謂車輿之縱凡人所乘車皆取横闊以或參乘或四乘故横則六尺六寸此隧輿之縱三分六尺六寸取二分取四尺四寸爲之不從先鄭者車無取於鑽燧改火之義故讀從邃宇之邃也

參分其隧一在前二在後以揉其式

注兵車之式深尺四寸三分寸之二 釋曰鄭皆言兵車者案上文先言兵車後言乘車故據先而言其實乘車亦同也云式深尺四寸三分寸之二者以四尺四寸取三尺得一尺又一尺二寸三分之取四寸仍有二寸在一寸爲三分二寸爲六分取一得二分故云深尺四寸三分寸之二云以揉其式者式謂人所憑依而式敬

故名此木爲式也 **以其廣之半爲之式崇** 注兵車之式高三尺三寸 釋曰車輿之廣六尺六寸取半爲式之高故知三尺三寸也 **以其隧之半爲之較崇** 注較兩輢上出式者兵車自較而下凡五尺五寸故書較作䡊杜子春云當爲較 釋曰較謂車輿兩相今人謂之平鬲也言兩較謂車相兩旁置之者二者既别而云較兩輢上出式者以其較之兩頭皆置于輢上二木相附故據兩較出式而言之云兵車自較而下凡五尺五寸者以其前文式已崇三尺三寸更增此隧之半二尺二寸故爲五尺五寸案昭十年左氏傳云陳鮑方睦遂伐欒高氏子良曰先得公陳鮑焉往遂伐虎門公卜使王黑以靈姑銔率吉請斷三尺而用之彼注云斷三尺使至於較大夫旗至較案禮緯諸侯旗齊軫大夫齊較軫至較五尺五寸斷三尺得至較者蓋天子與其臣乘重較之車諸侯之車不重較故有三尺之較也或可服君誤 **六分**

其廣以一爲之軫圍 注軫輿後橫者也兵車之軫圍尺一寸 釋曰六六分者謂輿廣六尺六寸而六寸取一故得尺一寸也 參分軫圍去一以爲式圍 注兵車之式圍七寸三分寸之一 釋曰謂參分前軫圍尺一寸而爲之尺一寸取九寸爲三分去三寸得六寸餘二寸各三分之二寸爲六分去二分得四分以三分爲一寸餘一分添前六寸爲七寸三分寸之一也 參分式圍去一以爲較圍 注兵車之較圍四寸九分寸之八 釋曰以式圍七寸三分寸之一取六寸三分去二寸得四寸仍有一寸三分寸之一以一寸者爲九分一分者轉爲三分并爲十二分去四分得八分故云較圍四寸九分寸之八也 參分較圍去一以爲軹圍 注兵車之軹圍三寸二十七分寸之七軹輢之植者衡者也與轂末同名 釋曰以前較謂四寸九分寸之八四寸

取三寸去一寸得二寸餘一寸爲二十七分餘八分爲二
十四分并之爲五十一分取三十去十分得二十分又二
十一者去七分得十四添前二十爲三十四分取二十七
分爲一寸餘有七分在添前二寸摠爲三寸二十七分寸
之七也云與轂末同名者前云覆軹不及幹注軹是轂末
此軹是車較下竪直者及較下横者直衡者並縱横相貫
也

參分軹圍去一以爲轛圍 注兵車之轛圍二寸八十一分寸之十四

轛式之植者衡者也鄭司農云轛讀如繫綴之綴謂車輿
軨立者也立者爲轛横者爲軹書轛或作軨玄謂轛者以
其鄉人爲名　釋曰此轛形狀一與前經軹同但在式木
之下對人爲名耳參分軹圍分前三寸二十七分寸之七
取三寸去一寸得二寸餘七分者假令整寸爲八十一分
此二十七分寸之七爲二十一分即是八十一分寸之二
十一三分之去七分得十四分故云轛圍二寸八十一分
寸之十四也云轛式之植者衡者也者先鄭讀轛爲綴以

以轉䡅為一處解之後鄭皆不從者以其無所指歸故以鄉人為名據前式下為之也圜者中規方者中矩立者中縣衡者中水直者如生焉繼者如附焉注治材居材如此乃善也如生如木從地生如附如附枝之弘殺也　釋曰凡作車之法其材有圜者中于規有方者中于矩有直豎立者中于繩縣之垂者衡橫也橫者中於水無高下也云直者如生焉者如木之從地初生云繼者如附焉者材有大小相附着者如本之枝柯本大末小之弘殺也凡居材大與小無并大倚小則摧引之則絕注并偏邪相就也用力之時其大并於小者小者強不堪則摧也其小并於大者小者力不堪則絕也　釋曰上經言居材得所此經言不得所之事凡居材大與小無并之使偏邪此況說居材

之法爲揔也云大倚小則摧者倚則并也凡居材當各自
用力若使大材倚并小材小材強不堪大材所倚則摧折
矣云引之則絶者上文云居材大與小無并已言大倚小
則摧未言小并大之事則此引之則絶據小并大而言也
若小并於大大木振其
小木力不堪則絶斷也**棧車欲弇**注爲其無革鞔不
堅易坼壞也士乘
棧車　釋曰棧車無革鞔輿易可坼壞故
當弇向内爲之云士乘棧車者巾車職文**飾車欲侈**
注飾車謂革鞔輿也大夫以上革鞔輿故書侈作移杜子
春云當爲侈　釋曰據大夫已上以革鞔輿不畏坼壞故
欲得向外侈也云大夫以上者則天子諸侯之車以革鞔
輿及轂約也但有異物之飾者則得玉金象之名號無名
號者直以革爲稱革路墨車之等是也若木路亦以革鞔
但不添飾故以木爲號孤卿轂上有篆飾即以篆縵爲名
也案殷傳云未命爲士者不得乘
飾車士得乘飾車者從異代法也

周禮疏卷第四十六